Nina Offierowski

Programmatic Advertising in Deutschland

To-Dos für den Mittelstand

igel
Verlag
RWS

Offierowski, Nina: Programmatic Advertising in Deutschland: To-Dos für den Mittelstand, Hamburg, Igel Verlag RWS 2017

Buch-ISBN: 978-3-95485-355-7
PDF-eBook-ISBN: 978-3-95485-855-2
Druck/Herstellung: Igel Verlag RWS, Hamburg, 2017

Bibliografische Information der Deutschen Nationalbibliothek:
Die Deutsche Nationalbibliothek verzeichnet diese Publikation in der Deutschen Nationalbibliografie; detaillierte bibliografische Daten sind im Internet über http://dnb.d-nb.de abrufbar.

© Igel Verlag RWS, Imprint der Diplomica Verlag GmbH
Hermannstal 119k, 22119 Hamburg
http://www.diplomica.de, Hamburg 2017
Printed in Germany

I. Inhaltsverzeichnis

II. Abbildungsverzeichnis

1. Einleitung

Jeder hat eine Meinung über Werbung. Die einen verabscheuen sie, die anderen leben von ihr und wieder andere lassen sich gerne von ihr beeinflussen. Klar ist allerdings, dass Werbung Jeden auf die eine oder andere Art beeinflusst. Meist unterbewusst und subtil, sodass es der Kunde gar nicht merkt, aber spurlos geht Werbung am Menschen nicht vorüber.

So wird Werbung ja auch definiert: als „Beeinflussung von verhaltensrelevanten Einstellungen mittels spezifischer Kommunikationsmittel" (Gablers Wirtschaftslexikon 2016b).

Ist Werbung also ein Produkt der Neuzeit um Kunden in der verwirrenden Welt der Produktvielfalt einen Weg aufzuzeigen? Nein, bereits im alten Ägypten vor circa 4.000 Jahren gab es erste Formen von Werbung: Marktschreier oder Steintafeln, auf denen das Angebot des jeweiligen Händlers eingeritzt war (Bolten 2014).

Ein weiter Sprung in der Entwicklung nach vorne wurde mit der Erfindung des Buchdrucks möglich (Bolten 2014). Vorher war es nahezu unmöglich, Flugblätter oder Anzeigen zu setzen, denn die Verbreitungsmöglichkeiten waren einfach nicht gegeben. Mit dem Zeitungsdruck jedoch konnten auch die ersten Annoncen erstellt werden und gegen Bezahlung konnten Händler ihr Warenangebot veröffentlichen (Bolten 2014). Nach einem kurzen Verbot der Anzeigen von König Friedrich Wilhelm I. fing der Markt ab 1850 an richtig zu boomen (Bolten 2014).

Bereits 1870 kann man von einer Zielgruppenansprache reden (Bolten 2014). Je nachdem, welcher sozialen Schicht der Kunde angehörte, änderte sich der Ton der Anzeigen. Der Nachteil war allerdings auch, dass viele Zeitungen zu Anzeigenblättern ohne redaktionellen Inhalt verkamen. Teilweise bestanden 80% der Zeitung nur noch aus Werbung (Bolten 2014).

Um die Jahrhundertwende schließlich etablierte sich Werbung, wie man sie heute kennt. Es entstanden Marken, die Bedürfnisse und Wünsche des Kunden gleichzeitig wecken und befriedigen wollten (Bolten 2014). Hier wurden auch erstmals Scheinwelten erschaffen, die das Produkt in den Alltag des Kunden einbanden und so mit den ersten psychologischen Tricks arbeiteten (Bolten 2014).

In Zeiten des Nationalsozialismus ging Werbung weg vom Künstlerischen und Schönen hin zu Propaganda. Davon erholte sie sich auch nur langsam. Selbst während des Wirtschaftsaufschwungs arbeitete Werbung hauptsächlich mit Klischees und Vorurteilen: Frauen waren für Haushalt und Kinder zuständig, während der Mann das Geld verdienen musste (Bolten 2014).

Abbildung 1: Werbung aus den 50ern (Freshdads 2016)

Seitdem entwickelte sich vor allem Fernsehwerbung rasant. Noch heute ist sie bei Werbungtreibenden der beliebteste (und mit der teuerste) Kanal. Doch auch andere – und vor allem neue – Medien sind beliebt und Werbung nimmt einen immer größeren Teil der Wirtschaft in Anspruch.

2016 gaben Werbungtreibende in Deutschland insgesamt 27,7 Milliarden Euro für Above-the-Line-Medien aus (Schwegler 2016a). Diese Zahl wäre um 1900 herum gar nicht vorstellbar gewesen. Den rasantesten Aufschwung 2016 erfährt der mobile Markt mit einem Plus von 73% (Schwegler 2016a).

Und natürlich trägt auch die technologische Entwicklung einen sehr großen Anteil daran, dass neue Touchpoints und somit mehr Geld in den Werbemarkt fließen. Doch mit zunehmender Komplexität und anspruchsvolleren Zielgruppen kam auch der Wunsch nach einem neuen System auf. Werbungtreibende müssen mit den Konsumenten Schritt halten. Das wird in Zukunft mit klassischer Mediaplanung überhaupt nicht mehr möglich sein.

Werbung muss in den Köpfen der Nutzer wieder relevanter werden und das bedarf eines kreativen, strategischen und technologischen Umdenkens in der Werbebranche. Der heilige Gral scheint nun gefunden. Ein neuer Schritt auf dem Weg der Entwicklung der Werbung, der sich der Zeit und den Bedürfnissen von Werbungtreibenden und Konsumenten anzupassen versucht. Für die einen eine Revolution, für die anderen eine Notwendigkeit: Programmatic Advertising.

Ein Begriff, der in den letzten zwei Jahren in der Diskussion deutlich an Fahrt aufgenommen hat und um den man nicht mehr herumkommt. Doch ist es wirklich so revolutionär? Welche neuen Möglichkeiten bietet Programmatic und vor allem: Wie kann der Mittelstand sie für sich nutzen? Diesen und weiteren Fragen geht die vorliegende Studie nun nach.

1.1 Beweggründe & Methoden

Vor einem Jahr hörte man auch in den klassischen Medien das erste Mal von Programmatic Advertising. Doch was konnte man sich darunter vorstellen? Ist es einfach nur ein anderer Name für Real Time Bidding – das digitale Bieten auf Werbeplätze, das gerade im Online-Bereich bereits durchaus bekannt ist – oder steckt doch mehr dahinter?

Und dann las man immer öfter in der Fachpresse davon. Es schien also doch mehr zu sein als eine kurzfristige Erscheinung, die man getrost ignorieren kann. Große Agenturnetzwerke und Konzerne machten mit ersten programmatischen Kampagnen auf sich aufmerksam. Doch ist es nun auch ein Thema, das für den Mittelstand genauso relevant sein kann?

Gemäß Definition wird der Mittelstand ja hauptsächlich durch die Umsatzhöhe und Beschäftigtenzahl von großen Unternehmen abgegrenzt (Gablers Wirtschaftslexikon 2016a). Es kann also durchaus sein, dass gerade der finanzielle Faktor dem Vorhaben „Programmatic im Mittelstand" einen Riegel vorschiebt.

Vorträge von Experten zum Thema Programmatic Advertising und die eigene Arbeit in einer mittelständischen Agentur haben die Frage aufkommen lassen, was der programmatische Wandel für den Mittelstand bedeutet und wie man sich auf ihn vorbereiten kann.

Macht es Sinn, als Vorreiter auf den Markt zu treten oder sollte man doch lieber erst abwarten, wie sich das Ganze entwickelt und daraus dann die eigenen Handlungen ableiten? Neben den grundsätzlichen strategischen Fragen stellte sich auch die Frage des Geldes: kann es sich eine kleine Agentur oder ein anderes mittelständisches Unternehmen überhaupt leisten, auf diesen Zug aufzuspringen?

Auch das Thema Personal kommt auf. Vielleicht braucht man weniger Mitarbeiter. Oder mehr, die den zusätzlichen Aufwand – wenn vorhanden – abfedern können. Welche Voraussetzungen müssen auch die Mitarbeiter erfüllen, sind vielleicht spezielle Schulungen oder Fortbildungen nötig?

Diese und noch mehr Fragen tauchten in der Agentur auf. Und damit steht sie nicht alleine. Programmatic Advertising ist bei vielen Werbungtreibenden – und wenn man ehrlich ist auch bei vielen Publishern und Medien – noch ein nahezu sagenumwobener Begriff. Und wie bei vielen Dingen, bei denen nur die Hälfte der Informationen zur Verfügung steht und viele Halbwahrheiten kursieren, spielt auch hier die Angst eine große Rolle. Angst vor einem neuen Tool oder vielmehr einer neuen Art, Werbung einzukaufen und im Endeffekt auch zu schalten. Angst vor einer Veränderung, die so umfassend ist, dass man seine tägliche Arbeit darauf einstellen muss.

Dieser Angst soll die vorliegende Studie die Stirn bieten. Artikel aus der Marketing-Fachpresse (also hauptsächlich die Zeitschriften, beziehungsweise Portale, *Werben & Verkaufen – W&V –* und *Horizont*) werden hier zusammengetragen um ein ganzheitliches Bild zu bekommen. Whitepaper des *BVDW (Bundesverband Digitale Wirtschaft e.V.)*, des *IAB (Interactive Advertising Bureau)* und anderer Agenturen wurden herangezogen um eine Übersicht von A bis Z zu schaffen. Untermauert mit weiteren Informationen aus der Branche, die mittels Interviews gesammelt wurden, soll hier eine Grundlage geschaffen werden, auf der Mittelständler – egal, ob Agentur oder Werbungtreibender selbst – aufbauen können und die ihnen die größte Angst nehmen soll.

1.2   Hypothese & Ziel

Unternehmen müssen bestimmte Voraussetzungen erfüllen um das Thema angehen zu können. Außerdem gibt es sowohl im Markt als auch für Werbungtreibende und Agenturen selbst Herausforderungen, die gemeistert werden müssen um Programmatic richtig und sinnvoll anwenden zu können. Welche das sind und wie sie genommen werden können, soll in dieser Arbeit beschrieben werden.
Ziel soll sein, Handlungsempfehlungen und Checklisten abzuleiten, die der Mittelstand für den Einstieg in das Thema Programmatic Advertising nutzen kann.

Dazu wird erst einmal definiert, was Programmatic Advertising überhaupt ist, wie es abläuft und wie sich der Markt gestaltet. Es ist nämlich mehr als nur Real Time Bidding und automatisierter Einkauf mit weitaus komplexeren Systemen und deutlich mehr Potential, als man denkt. Doch was genau verändert sich überhaupt mit dem neuen System und wo liegen die Unterschiede zur klassischen Mediaplanung? Dann wird der Status quo beleuchtet: welche Branche kann schon was und wo stehen die einzelnen Teilnehmer.
Im Folgenden gibt es einen kleinen Ausblick, wo Programmatic sich hin entwickeln kann. Der aktuelle Status soll natürlich kein Ende darstellen und es wird sich zeigen, dass noch einiges im Markt vorangetrieben werden muss. Doch um den Idealzustand zu realisieren, müssen in Deutschland generell noch ein paar Hürden überwunden werden – das betrifft nicht nur den Mittelstand.
Wenn das beleuchtet ist, liegen ausreichend Informationen vor um aufzuzeigen, welche Wege ein Unternehmen – sei es Agentur oder Werbungtreibender – einschlagen kann um auch seine Marketingaktivitäten auf lange Sicht programmatisch zu machen. Dafür muss aber mit ein paar Vorurteilen aufgeräumt werden, die in der Branche kursieren – teilweise vielleicht sogar zu Recht, vieles aber einfach aus Unwissen und Angst heraus.

Danach wird sich endgültig nur noch dem Mittelstand gewidmet: was sind die Vorteile, was die Nachteile von Programmatic? Welche Seite überwiegt? Und kann man sich überhaupt noch aussuchen, ob man mitzieht oder nicht? Wenn man das System schlussendlich umsetzt, gibt es ein paar Dinge zu beachten und zu tun. Hieraus werden am Ende die Handlungsempfehlungen und Abläufe abgeleitet, die für mittelständische Agenturen und Werbungtreibende eine Grundlage bieten können.

1.3   Programmatic Advertising – Definition

In einer Welt, in der Medien und Eindrücke bei den Konsumenten in einer fast unüberschaubaren Masse ankommen, ist es notwendig, nach neuen Systemen Ausschau zu halten. Sowohl, um die Arbeit für Agenturen und Werbungtreibende zu erleichtern, als auch um die gewünschten Botschaften bei der richtigen Zielgruppe zu platzieren.

Selbst Experten haben mittlerweile kaum mehr einen Überblick, wer wo und wann am besten zu erreichen ist. Denn nicht nur die klassischen Medien wie Radio, TV, Out of Home und Print werden genutzt, mittlerweile gibt es Smartphones, Smart Watches, Connected Cars und vieles mehr. Der User (beziehungsweise der Kunde) kann an so vielen Punkten mit Werbung in Kontakt kommen, dass Werbungtreibende schon teilweise gar nicht mehr hinterherkommen.

In Zeiten der Digitalisierung bietet es sich natürlich an, nach digitalen Lösungen auch in den klassischen Medien zu suchen. Es bietet sich sogar nicht nur an, es wird notwendig. Die klassischen Medien verlieren immer mehr an Bedeutung – gerechtfertigt oder nicht. Kaum vorstellbar, wie es wäre, wenn sie nun auch noch in der Art der Planung hinterherhinken würden.

Seit einiger Zeit konzentrieren sich einige Anbieter deswegen auf den Vorgang des Programmatic Advertising.

Der *BVDW* definiert Programmatic Advertising als „automatisierte Aussteuerung einzelner Werbekontaktchancen in Echtzeit" (Bundesverband Digitale Wirtschaft e.V. 2016a, 97). Wichtig ist auch zu erwähnen, dass der Prozess eine laufende Optimierung von Kampagnen beinhaltet. Ziel ist dabei ein effizienterer Einsatz des Werbebudgets und eine genauere Ansprache der (potentiellen) Kunden.

1.3.1   Die Bestandteile

SSPs – Supply-Side-Plattformen oder auch Sell-Side-Plattformen – findet man auf der Sender- beziehungsweise Publisher-Seite. Auf ihnen stellt der Publisher das Inventar zur Verfügung, mit welchem gehandelt werden soll (Bundesverband Digitale Wirtschaft e.V. 2016a, 98).

Die DSPs – Demand-Side-Plattformen – stehen dem gegenüber. Hier haben entweder die Agenturen oder Werbungtreibende selbst die Zügel in der Hand. Hier findet der tatsächliche automatisierte Einkauf und die Aussteuerung statt (Bundesverband Digitale Wirtschaft e.V. 2016a, 94). Die Agenturen oder Werbungtreibenden stellen ihr Budget und natürlich ihre Werbemittel ein, damit die automatisierte Buchung stattfinden kann.

Ein weiterer technische Bestandteil von Programmatic Advertising ist die Data Management Plattform (DMP). Um eine genauere und effizientere Aussteuerung zu ermöglichen, brauchen sowohl Publisher als auch Werbungtreibende eine Menge Daten. Diese Daten zu sammeln, zu verwalten, zu ordnen und entsprechend anzuwenden ist Aufgabe der DMP (Bundesverband Digitale Wirtschaft e.V. 2016a, 93). Hier spielen sowohl Online- als auch Offline-Daten mit hinein. Diese Plattformen können entweder von den Werbungtreibenden selbst, Agenturen oder so genannten Daten-Anbietern betrieben werden.

Aus technischer Sicht kommt als letztes der Ad Server noch hinzu. Er wird „für die Verwaltung, Auslieferung und das Tracking von Online-Werbemitteln eingesetzt" (Bundesverband Digitale Wirtschaft e.V. 2016a, 91). Abbildung 2 verdeutlicht die Beziehungen der vier technischen Bestandteile.

Abbildung 2: Programmatic Advertising Ökosystem (Bundesverband Digitale Wirtschaft e.V. 2016c)

Ein Vorgang innerhalb von Programmatic Advertising ist das Real Time Bidding. Das ist nichts anderes als der Vorgang der automatisierten Preisfindung mittels einer Auktion (Bundesverband Digitale Wirtschaft e.V. 2016a, 98). Auf der einen Seite legen Werbungtreibende ein Gebot fest. Dies beinhaltet einen Preis und das Werbemittel unterfüttert mit Daten. Auf der anderen Seite steht der Publisher, der mit seiner SSP die Auktion sozusagen anführt.

Natürlich stehen dabei viele Werbungtreibende in Konkurrenz zueinander und versuchen sich zu überbieten. Die Auktion erfolgt in Echtzeit. Zwei Arten des Realtime Bidding sind die First Price Auction und die Second Price Auction (Bundesverband Digitale Wirtschaft e.V. 2016a, 98).

Bei der First Price Auction zahlt der Höchstbietende (und somit Gewinner) auf das Inventar genau den Preis, den er auch geboten hat (Bundesverband Digitale Wirtschaft e.V. 2016a, 94). Bei der Second Price Auction wiederum zahlt der Gewinner nur den Preis, welcher knapp über dem zweithöchsten Gebot liegt und nicht den Höchstpreis (Bundesverband Digitale Wirtschaft e.V. 2016a, 98). Hat der Höchstbietende zum Beispiel zehn Euro auf einen Werbeplatz geboten, der zweite Bietende jedoch nur neun Euro, muss der Gewinner nur neun Euro und einen Cent zahlen. Bei der First Price Auction hingegen müsste er seine gebotenen zehn Euro zahlen.

Die Plattform, auf der diese Auktionen stattfinden, nennt man Ad Exchange. Der Publisher bietet hier sein Inventar an und ermöglicht es dem Werbungtreibenden so, darauf zu bieten (OnPage.org 2016a). Im Ad Exchange sind die Bestandteile SSP und DSP enthalten während der Ad Server und die DMP der Plattform zuarbeiten.

Der Einkauf von Inventar kann bis dato auf vier unterschiedlichen Wegen erfolgen: Unreserved Fixed Rate, Automated Guaranteed, Open Auction und Private Auction (Bundesverband Digitale Wirtschaft e.V. 2016a, 21).

Unreserved Fixed Rate oder auch Preffered Deal basiert auf Festpreisen, die bereits im Vorfeld verhandelt wurden. Das Inventar ist nicht garantiert und kann nicht reserviert werden. Diese Art von Auktion fußt auf einem „One-Seller-to-one-Buyer-Verhältnis" (Bundesverband Digitale Wirtschaft e.V. 2016a, 21).

Daneben steht Automated Guaranteed oder auch Programmatic Guaranteed oder Programmatic Direct mit garantierten Preiskonditionen und garantiertem Inventar. Dieser Vorgang ist der, der am ehesten dem klassischen Einkauf entspricht. Hier wird mit fest verhandelten Mediakonditionen gearbeitet. Der programmatische Teil ist die automatisierte Abwicklung und Aussteuerung der Kampagne (Bundesverband Digitale Wirtschaft e.V. 2016a, 21).

Bei der Open Auction hat man Publisher, die allen an die entsprechende SSP angebundenen Teilnehmern ermöglichen, ihr Inventar zu ersteigern. Der Preis wird hier ausschließlich über die Auktion festgelegt. Werbungtreibende wissen meistens nicht, auf welcher Website sie gerade buchen. Sie (und ebenso die Publisher) können nur mittels Blacklists verhindern, dass ihre Werbemittel an unerwünschter Stelle auftauchen (Bundesverband Digitale Wirtschaft e.V. 2016a, 21). Dabei werden Webseiten, auf denen die Werbung auf gar keinen Fall ausgespielt werden soll, festgelegt. Das System schließt sie dann aus.

Als letztes hat man die Private Auction oder auch Invitation Only Auction. Hier haben Publisher die Möglichkeit ihr Inventar exklusiv an ausgewählte Agenturen oder Werbungtreibende zu verkaufen. Die Einschränkung erfolgt hier meistens über White- oder Blacklists (Bundesverband Digitale Wirtschaft e.V. 2016a, 21).

Bei diesen letzten beiden Vorgängen wird sich von Vermarkterseite aus des Yield Managements bedient. Dadurch soll das Inventar besser monetarisiert werden und für jede einzelne Ad Impression der größtmögliche Ertrag generiert werden (Hanisch 2015). Effektiv bedeutet das, dass Bietende, die bereit sind höhere Preise zu zahlen, bevorzugt werden sollen (Hanisch 2015). Das gestaltet sich bei einer Open Auction etwas schwieriger, da sie mit einer guten Portion Kontrollverlust einher geht und die Preise Gefahr laufen stark nach unten nivelliert zu werden (Hanisch 2015). Bei einer Private Auction sieht das Ganze ein bisschen besser aus. Hier hat der Publisher die volle Kontrolle und kann die gewünschten Werbungtreibenden einladen. Zusätzlich kann Yield Management auch strategisch in die Preis- und Distributionspolitik einfließen um den Gesamtumsatz zu maximieren (Hanisch 2015).

Die nachfolgende Grafik gibt einen Überblick über die vier Geschäftstypen.

Abbildung 3: Die 4 programmatischen Geschäftstypen (Bundesverband Digitale Wirtschaft e.V. 2016c)

Sind die Werbeplätze auf die eine oder andere Weise gebucht, erfolgt auch noch das Real Time Advertising. Hier geht es darum, dass innerhalb kürzester Zeit von einem Algorithmus entschieden wird, welchem User welche Anzeige angezeigt werden soll. Und ob überhaupt etwas ausgespielt wird (d3con 2016, 4f). Mediaplanung wird also deutlich kleinteiliger, als sie es bis jetzt besonders bei den Massenmedien wie Fernsehen oder Radio war.

Um das zu entscheiden, fehlt allerdings noch der wichtigste – und wie nachher noch erklärt wird auch mit der heikelste – Part: Daten.

Ohne sie kann weder der Algorithmus noch der Mediaplaner entscheiden, welches Inventar für das Unternehmen Sinn macht und vor allem, wie die User am besten angesprochen werden sollten.

Hierbei wird nach der Herkunft unterschieden zwischen den 1st Party, 2nd Party und 3rd Party Daten.

Die 1st Party Daten werden vom Unternehmen oder Publisher selbst direkt erhoben. Das kann der Webseiten-Besuch sein, das Kaufinteresse oder auch demografische Kundendaten. Sie gehören dem Werbungtreibenden, deswegen werden sie auch „Eigendaten" genannt (Bundesverband Digitale Wirtschaft e.V. 2016a, 90). Diese Daten werden meistens mittels CRM-Systemen (Customer Relationship Management) erhoben oder via Login-Daten aus Owned Media gesammelt. Owned Media sind Kanäle, die das Unternehmen selbst betreibt und es den vollen Einfluss auf den Content hat. Dazu gehören zum Beispiel die eigenen Webseite, ein Unternehmensblog oder auch die eigene Facebook-Seite.

2nd Party Daten beinhalten vor allem Resultate aus strategischen Partnerschaften (Bundesverband Digitale Wirtschaft e.V. 2016a, 90). Sie sind eine Kombination aus Eigendaten kombiniert mit externen Quellen wie zum Beispiel externen Social Media oder DMPs. Oft findet ein Austausch von Daten zwischen zwei Unternehmen statt, sodass sich ein beiderseitiger Nutzen einstellt.

Als letztes haben wir die 3rd Party Daten. Sie werden ausschließlich von Datenanbietern als Dritten erhoben. Große Player sind hier zum Beispiel *Google* oder *Facebook*. Die Daten beziehen sich nicht nur auf den Nutzer, sondern können auch Umweltfaktoren wie zum Beispiel Wetter oder Verkehr umfassen (Bundesverband Digitale Wirtschaft e.V. 2016a, 90). Sie werden als Fremddaten bezeichnet und können die eigens erhobenen Nutzerdaten zusätzlich aufwerten. Somit machen sie die Bewertung von einzelnen Werbekontakten einfacher (Bundesverband Digitale Wirtschaft e.V. 2016a, 90).

1.3.2 Der Ablauf

Programmatic Advertising verändert natürlich nicht den ganzen Ablauf einer Mediaplanung und -einbuchung.

Am Anfang steht die Zielsetzung der Kampagne. Dazu muss natürlich auch Klarheit über die Zielgruppe gewonnen werden, wobei bereits die gesammelten Daten ins Spiel kommen. Mit ihrer Hilfe wird eine Strategie und Planung entworfen und natürlich das Werbemittel kreiert. Nach der Budgetverteilung kommt auch schon die Einbuchung beim gewünschten Publisher.

Und ab hier setzt Programmatic voll ein: Die Werbung wird innerhalb von nicht einmal einer halben Sekunde gekauft und ausgespielt. Wir nehmen hier das Beispiel eines Banners auf einer Webseite (Whaling 2016).

Ruft ein User die Seite des Publishers auf, wird dem Ad Server eine Anfrage geschickt, ob ein passendes Banner zur Verfügung steht. Wenn das nicht der Fall ist, werden über einen Ad Exchange verschiedene DSPs angefragt. Dazu wird das anonymisierte und pseudonymisierte Profil des Nutzers mit Informationen über die Webseite weitergeleitet, die von den DSPs mit den Kampagnen-Einstellungen abgeglichen werden. Die Algorithmen berechnen dann das optimale Gebot des Werbungtreibenden (oder der Agentur).

Aus den ganzen Antworten der DSPs entsteht dann eine Auktion, aus der am Ende ein Gewinner hervorgeht. Das entsprechende Banner wird dann an den Ad Server des Publishers weitergeleitet und das Werbemittel wird ausgespielt.

Dieser ganze Prozess wird bei jedem Seitenaufruf wiederholt. Das gibt den Werbungtreibenden und Agenturen auch die Möglichkeit, die Kampagne laufend zu analysieren und gegebenenfalls zu optimieren. Unten stehende Grafik veranschaulicht die Abläufe:

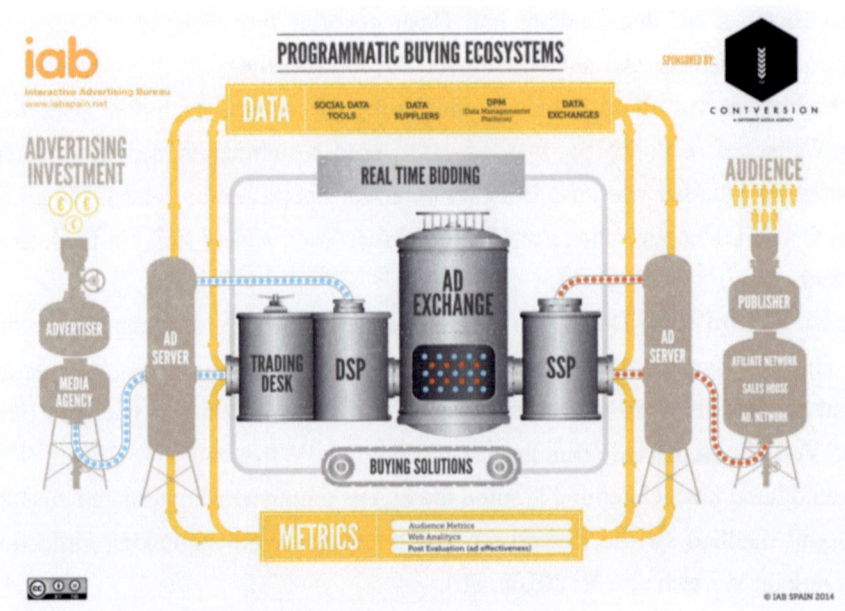

Abbildung 4: Ablauf von Programmatic Advertising (Whaling 2016)

Doch wie genau wird bestimmt, welche Anzeige welchem Nutzer ausgeliefert wird? Welche Merkmale kann man bestimmen um eine effektive Ansprache zu vollziehen? Hierfür gibt es verschiedene Möglichkeiten des Targetings, also der Zielgruppenbestimmung.

Das ganz klassische und simple Targeting ist das nach soziodemographischen Merkmalen. Dazu gehören Alter, Geschlecht oder auch Beruf und Haushaltsnettoeinkommen. Meistens wird hier eine Kombination aus 1st und 3rd Party Daten verwendet (Goldberg 2016).

Der nächste, auch sehr verbreitete Schritt ist der des Geotargetings. Hierbei wird ganz einfach nach geographischen Merkmalen selektiert. Das kann von Kontinenten und Ländern bis hin zu Regionen und Postleitzahlen alles sein (Goldberg 2016). Theoretisch ist es sogar möglich nach Straßenzügen zu clustern. Ob das Sinn macht, ist eine andere Frage. Für das Geotargeting spielen auch oft die IP-Adressen eine wichtige Rolle. Nach ihnen wird das Targeting oft vollzogen (Goldberg 2016).

Targeting nach Keywords ist vor allem aus dem Tool *Google Adwords* bekannt. Es „beschreibt die Werbeansprache von Nutzern bei Suchanfragen" (Onlinemarketing Praxis 2016c). Das bedeutet: sucht ein Nutzer nach einem bestimmten Wort oder einer Wortkombination, die der Werbungtreibende für sein Produkt gesetzt hat, fällt der Suchende in das Raster und bekommt die Anzeige ausgeliefert. Dabei ist es natürlich genauso möglich, Keywords auszuschließen. Außerdem kann man Keywords in drei Kategorien einteilen: exakte Übereinstimmung, Wortgruppe oder weitgehend passend. Bei der exakten Übereinstimmung wird die Anzeige nur ausgeliefert, wenn der Nutzer nach dem gleichen Keyword sucht, dass der Werbungtreibende gesetzt hat. Bei der Wortgruppe beinhaltet die Suchanfrage das Keyword und zusätzliche, dazu passende Begriffe. Wird die Suchanfrage mit den Bestandteilen eines Keywords in beliebiger Reihenfolge gestellt, fällt das in die Kategorie „weitgehend passend".

Auch beim Kontext-Targeting wird mit Schlagwörtern gearbeitet. Hier werden sie allerdings eingesetzt um die Inhalte der Webseite zu scannen, die der Nutzer gerade besucht. Stimmen sie mit der Selektion des Werbungtreibenden überein, wird die Anzeige ausgeliefert (Goldberg 2016). Das macht die Anzeigen im Idealfall natürlich sehr relevant in Bezug auf den Inhalt einer Webseite.

Beim technischen Targeting wird zum Beispiel nach den verwendeten Betriebssystemen, eingebauten Grafikkarten oder benutzten Browsern selektiert (Onlinemarketing Praxis 2016c). Das kann zum Beispiel für Software-Hersteller oder Telekommunikationsanbieter sehr interessant sein. Entweder möchte man genau bereits bestehende Kunden erreichen, weil man ein besonderes Angebot für sie hat oder man möchte genau die Kunden der Konkurrenz erreichen. Hier macht das technische Targeting am meisten Sinn.

CRM-Targeting wird meistens nur in geschützten Kundenbereichen, Onlineshops oder Intra- und Extranets eingesetzt (Onlinemarketing Praxis 2016c). Für die Anwendung werden Informationen aus den Customer-Relationship-Systemen eingesetzt.

Behavioural Targeting bezieht sich auf das Verhalten eines Nutzers (Goldberg 2016). Hier werden das Surfverhalten, Webseiten-Besuche und Aktivitäten auf bestimmten Webseiten einbezogen (Goldberg 2016).

Predicitve Behavioural Targeting geht noch eine Stufe weiter und bezieht zusätzlich zum Surfverhalten auch noch Informationen aus anderen Datenquellen mit ein (Onlinemarketing Praxis 2016c). Aus dieser Kombination werden dann statistische Profile gebildet, nach denen selektiert wird. Das hat den Vorteil, dass auch Anzeigen auf themenfremden Websites geschaltet werden können ohne große Streuverluste zu haben (Onlinemarketing Praxis 2016c). Retargeting ist wahrscheinlich das am meisten polarisierende Targeting. Es wird meistens von den Nutzern gehasst, von Werbungtreibenden jedoch geliebt. Dabei handelt es sich um das „Verfolgen" von Nutzern über Webseiten hinweg (Goldberg 2016). 90% der Unternehmen befinden diese Form des Targeting als sehr effektiv (Goldberg 2016). Und richtig eingesetzt kann es auch für den Nutzer nicht mehr nervig, sondern relevant und sinnvoll sein.

Damit hängt auch das Cross Device Targeting zusammen. Hier soll der Nutzer nicht nur über einzelne Webseiten hinweg angesprochen werden, sondern auch geräteübergreifend (Goldberg 2016). Dazu muss ein grundlegendes Verständnis darüber herrschen, wann ein Nutzer welches Gerät wahrscheinlich benutzt. Natürlich sind das alles statistische Daten, die jedoch immer genauer werden.

Als letztes zu nennen ist das semantische Targeting. Es sucht nicht wie das Kontext Targeting nach Keywords auf einer Seite, sondern es analysiert den gesamten sichtbaren Text (Onlinemarketing Praxis 2016c). Daraus kann bestimmt werden, welche Themen auf der Webseite vorherrschen und danach werden dann die Anzeigen ausgeliefert. Mittlerweile ist die Technologie so weit, dass sie auch doppel- und mehrdeutige Wörter unterscheiden kann und sie entsprechend deuten kann. So wird nach dem Sinnzusammenhang der Inhalte einer Website selektiert und vermieden, dass Fehlplatzierungen mit negativen Zusammenhängen stattfinden (Onlinemarketing Praxis 2016c).

1.3.3 Der Markt

Im deutschen Markt haben sich zum Thema Programmatic bereits viele Unternehmen gefunden, die zusammen das so genannte Ecosystem bilden (d3con 2016, 17).

Unten aufgeführt sind nur die Teilnehmer, die sich mit Display Advertising beschäftigen. Mittlerweile gibt es aber auch aus den anderen Medien einige Player, sodass die Grafik noch komplexer sein müsste.

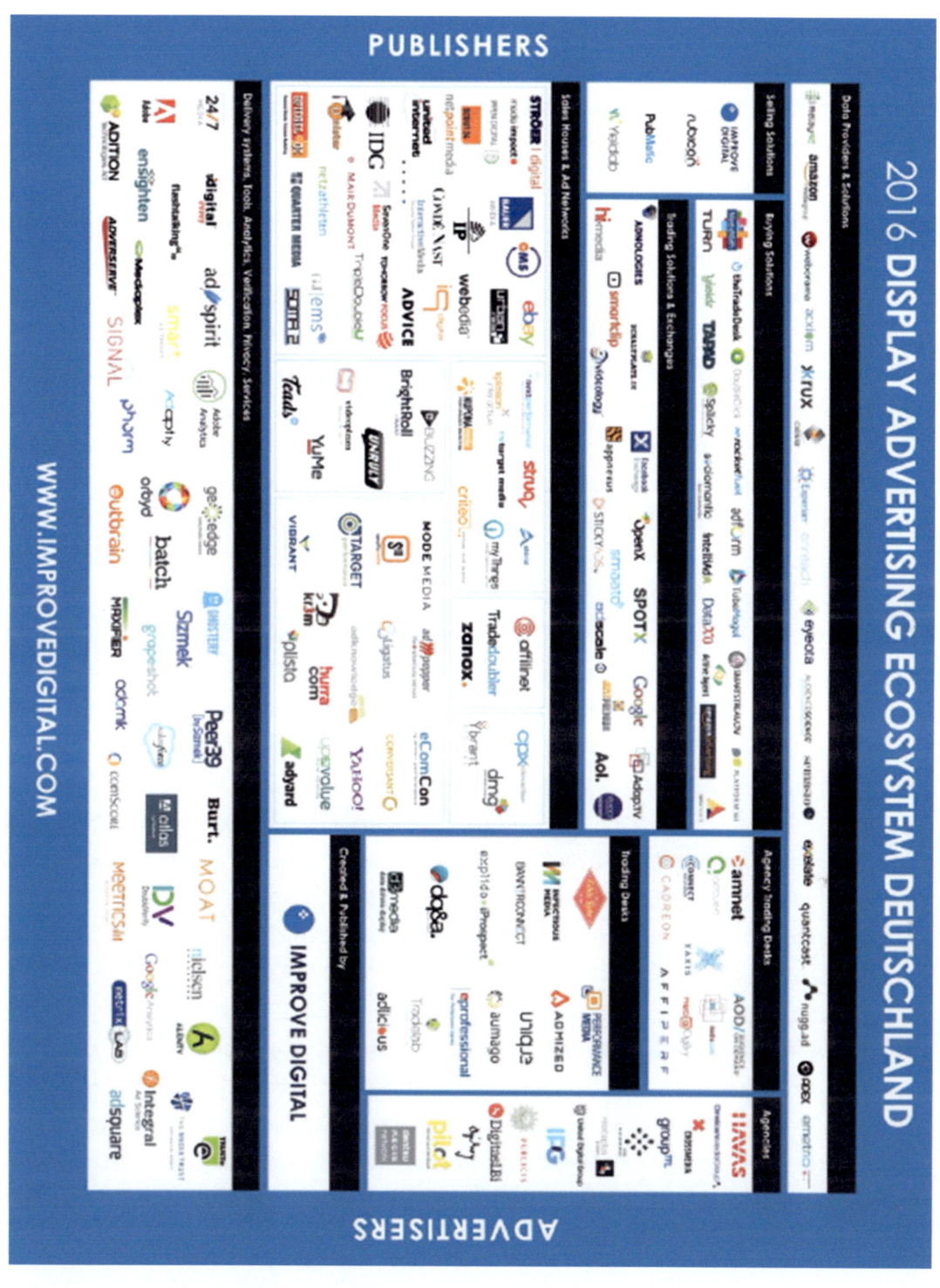

Abbildung 5: Ecoysytem 2016 für Display Advertising in Deutschland (d3con 2016, 17)

An diesem Punkt sollen nun ein paar Marktteilnehmer genannt werden, die für Programmatic Advertising in Deutschland relevant sind. Alle zu nennen würde den Rahmen sprengen, deswegen wird sich auf ein paar große und wichtige konzentriert um einen Überblick zu geben, welche Unternehmensmodelle es gibt.

Fangen wir mit zwei Institutionen an, die eher für die Hintergrundarbeit und die Etablierung von Standards zuständig sind: das *IAB* und der *BVDW*.

Das *IAB* (*Interactive Advertising Bureau*) agiert weltweit, für den deutschen Markt ist natürlich die europäische Institution besonders interessant. Sie sehen sich selbst als die „Stimme des digitalen Business" (IAB Europe 2016 c) und bilden die Vereinigung für das digitale Werbesystem. Sie verfolgen die Gesetzgebung und informieren Mitglieder und Betroffene. Es werden Studien durchgeführt, die sich mit dem Fortschritt der digitalen Werbung in Europa beschäftigen und Events veranstaltet, Whitepaper verfasst und es wird PR betrieben um die Entwicklung voranzutreiben. Ein wichtiges Feld des *IAB* ist außerdem die Etablierung von Standards - europaweit. Und um diese Standards auch durchzusetzen bieten sie zusätzlich Trainings und Workshops in ganz Europa an (IAB Europe 2016 c).

Genauso wie das *IAB* arbeitet der *BVDW* eher an den Grundlagen und nimmt am operativen Geschäft nicht teil. Der *Bundesverband Digitale Wirtschaft e.V.* ist eine Interessenvertretung für Unternehmen, die sich digital gut aufgestellt wissen wollen und aus dem Digitalen auch ihren Wert schöpfen (Bundesverband Digitale Wirtschaft e.V., 2016f). Er will die Transparenz fördern, wenn es um digitale Themen geht und dadurch den Einsatz von digitalen Instrumenten, Diensten und Inhalten vorantreiben. Wie das *IAB* gibt auch der *BVDW* Studien in Auftrag, die Klarheit verschaffen sollen und den Mitgliedern einen Mehrwert bieten. Und auch hier sollen wieder Standards und Richtlinien etabliert werden – diesmal natürlich nur bezogen auf Deutschland -, die allen Interessengruppen die Arbeit in der digitalen Welt vereinfachen sollen (Bundesverband Digitale Wirtschaft e.V., 2016f).

Eine weitere Organisation in Deutschland sollte man in diesem Zuge auch noch nennen: Die *OWM, Organisation Werbungtreibende im Markenverband*. Sie vertritt die Interessen der Werbungtreibenden in Deutschland im Hinblick auf relevante Themen im Marketing (OWM 2016). Auch sie setzt sich dafür ein, Rahmenbedingungen zu schaffen, die den Unternehmen eine effektive und sinnvolle Kommunikation ermöglichen. Das erreicht sie durch die Kommunikation mit der Politik, Medienpartnern und durch Forschung sowie der Organisation von Veranstaltungen für die Mitglieder selbst.

In der Praxis muss man nach Technik- und Serviceanbietern sowie nach Datenanbietern gliedern.

Im Bereich der technischen Anbieter ist erst einmal *AppNexus* zu nennen. Sie ist eine unabhängige Ad-Tech-Plattform, die einer der Vorreiter ist, wenn es um Programmatic Advertising geht. Das Produktportfolio reicht von SSP-Lösungen und Adserver-Technologien über

Plattformen für Yield- und Datenmanagement bis hin zu Demand-Side-Plattformen mit Real Time Bidding und Preisoptimierungs-Funktionen (AppNexus 2016). Sie spricht sowohl Agenturen und Werbungtreibende als auch Publisher und andere Technologieanbieter an. So geht sie zum Beispiel strategische Partnerschaften mit *Gruner+Jahr* ein und wirkt in Deutschland bei vielen programmatischen Gehversuchen mit. Sie ist einer der größten Technologie-Anbieter weltweit.

Ein weiterer Full-Service-Anbieter ist *Adform*. Auf ihrer Plattform können Unternehmen Kampagnen planen und direkt über den Adserver einbuchen. Mit gleichzeitiger Optimierung, Datenintegration und Analyse muss der Kunde sich nicht aus dem System hinausbewegen um komplette Kampagnen abwickeln zu können (Adform 2016).

Oracle hingegen konzentriert sich nur auf Datenmanagement. Sie bietet sowohl Hard- als auch Softwarelösungen sowie Service für Unternehmen an, die ihre Daten sammeln, organisieren und auswerten wollen (Oracle 2016).

Ein anderes Unternehmen wiederum konzentriert sich nur auf die Publisher: *Improve Digital*. Natürlich arbeitet sie mit ihren Lösungen indirekt auch für Werbungtreibende, ihr Kundenstamm jedoch besteht nur aus Publishern. Mit ihrem Produkt *360 Polaris* kombiniert sie einen Adserver und eine SSP für Video Marketing, Native Advertising, Rich Media und Mobile (Improve Digital 2016).

Auch *Rubicon Project* ist ein wichtiger Technologieanbieter. Sie hat sich die Automatisierung groß auf die Fahne geschrieben und spricht damit wieder sowohl Einkäufer als auch Verkäufer von Werbung an. Sie will in ihrer *Automation Cloud* beide Parteien enger zusammenbringen mithilfe von Algorithmen und Daten, die die besten Preise und Kampagnen für beide Seiten zusammenstellen (Rubicon Project 2016). Ihr Vorteil ist vor allem die Erfahrung. Über die große Masse an Transaktionen (9 Billionen Anfragen pro Monat) hat das System immer weiter dazu gelernt und ist deswegen weit entwickelt (Rubicon Project 2016).

The Trade Desk ist vor allem wegen seiner Medienauswahl interessant. Als einer der wenigen Anbieter hat diese Firma bereits die Kanäle TV, Audio, Mobile, Native und Video in ihr Portfolio integriert (The Trade Desk 2016). Sie bietet einen Open Marketplace sowie eine Datenmanagement-Plattform an. Auch sie bringt ihre Technologien gerne in strategische Partnerschaften ein um auf sich aufmerksam zu machen.

Wie immer, wenn es um digitales Business geht, kommt man um den Namen *Google* auch bei Programmatic Advertising nicht herum. Mit *Double Click by Google* hat man sowohl Zugriff auf geräte-, kanal- und formatübergreifende Zielgruppendaten als auch die Möglichkeit Kampagnen direkt umzusetzen (Double Click by Google 2016). Auch dieses Produkt richtet sich an Publisher und Werbungtreibende gemeinsam. Die Möglichkeit, eine Analyse mitlaufen zu lassen und so die Kampagne ständig optimieren zu können, ist gegeben (Double Click by Google 2016).

Geht es um die Bereitstellung von Daten, ist es nahezu unmöglich alle Anbieter aufzuzählen. Datenmanagement-Plattformen gibt es wie Sand am Meer und jede hat ihre eigenen Spezialisierungen. Das bedeutet im Umkehrschluss, dass man sich bei einer Kampagne auch oft mehrerer Plattformen bedienen kann. Die eine hat zum Beispiel besonders gute Daten bezüglich Haushaltssituationen in Deutschland, die andere konzentriert sich eher auf Hobbies oder Entscheider in Unternehmen. Hier muss individuell entschieden werden, welche Plattform für welche Kampagne am besten geeignet ist.

Ein in Deutschland sehr großer Anbieter ist zum Beispiel *exelate*. Sie bietet nicht nur Datenmanagement und einen Daten-Marktplatz, sondern auch die entsprechenden Analysen und Auswertungen an. Sie gehört zu *The Nielsen Company*, weswegen sie auf eine große Fülle an 1st Party Daten zurückgreifen kann, was sie sehr attraktiv für Marketer macht (exelate 2016).

Kommen wir nun zu Anbietern, die sich eher auf Service denn auf Technologie konzentrieren.

Eine Full-Service-Lösung bietet *Tradedoubler* mit seinem Produkt *TD Engage* (Tradedoubler 2016). Zwar hat sie auch ihre eigenen Technologien, doch der Service steht hier im Vordergrund. Sie entwickelt mit Kunden zusammen programmatische Kampagnen und begleitet diese. Sie ist mit vielen Werbenetzwerken und Ad Exchanges vernetzt und nutzt sowohl 1st als auch 3rd Party Daten um individuelle Kampagnen für ihre Kunden zu kreieren (Tradedoubler 2016).

Agenturen dürfen in dieser Auflistung natürlich auch nicht fehlen: zum Beispiel *d3media*. Sie ist eine Full-Service-Agentur für Programmatic Advertising und eine der wenigen deutschen Unternehmen, die sich rein auf dieses Thema konzentrieren. Sie will ihren Kunden vor allem helfen, das neue System kennenzulernen und richtig mit ihm umzugehen (d3media 2016).

Auch die *Brainagency* hat sich unter anderem auf Programmatic Advertising fokussiert und kann hier mit die größte Erfahrung im deutschen Markt aufweisen. Sie war einer der Vorreiter in diesem Bereich und kann auf eine Reihe von Erfolgsgeschichten zurückblicken (Brainagency 2016).

Und last but not least haben wir noch *Xaxis*. Als Tochter der *group m*-Netzwerkes bietet sie ebenfalls Full-Service im Bereich Programmatic an (Xaxis 2016). Sie dürfte einer der größten Service-Anbieter in Deutschland sein und kann auf mehr Know-How und Erfahrung bauen als viele andere Anbieter.

Jedoch gibt es wie bereits erwähnt noch deutlich mehr Marktteilnehmer, die sich in dem neuen Feld erst einmal arrangieren und ihren Platz finden müssen. Es ist auch sehr wahrscheinlich, dass sich der Markt in Zukunft noch bereinigen wird und man am Ende nicht mehr so viele Anbieter hat wie jetzt.

Trotzdem werden die grundsätzlichen Geschäftsfelder natürlich bestehen bleiben. Diese Abbildung soll einen Überblick über die in dieser Studie erwähnten Anbieter geben:

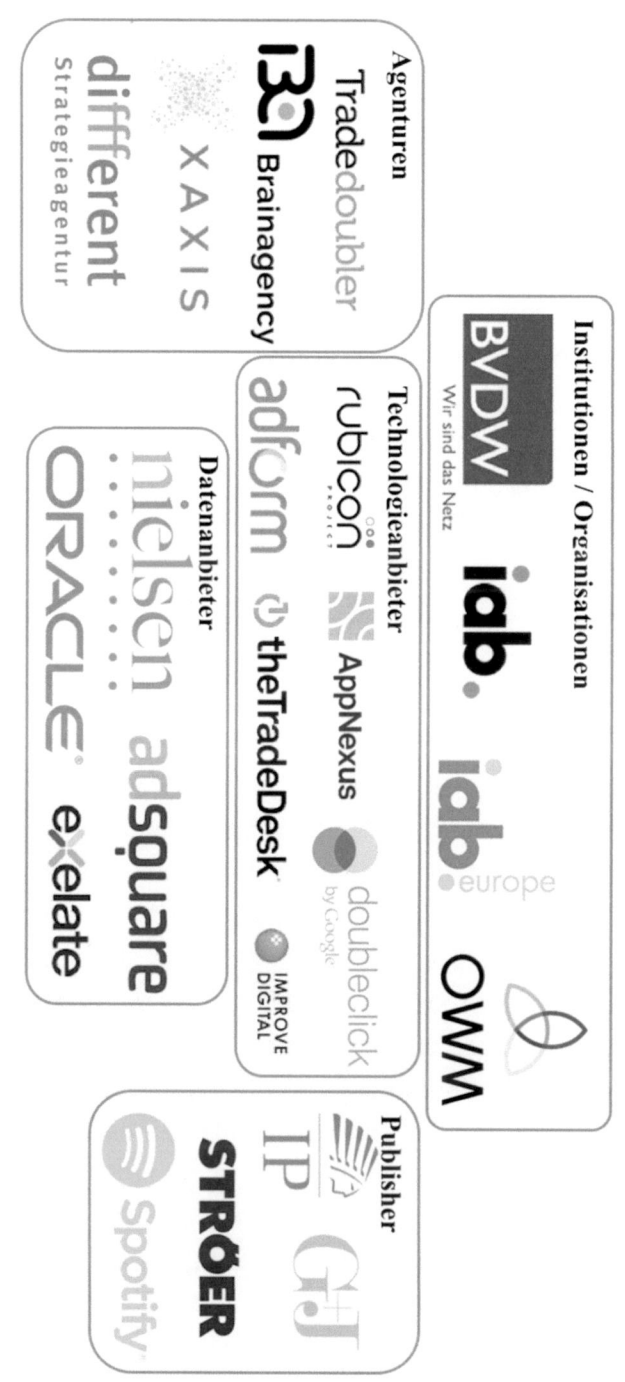

Abbildung 6: Anbieter-Übersicht (eigene Darstellung)

2. Programmatic Advertising im Mittelstand

2.1 Was verändert sich mit Programmatic Advertising?

Programmatic schön und gut. Doch was genau verändert sich nun mit dem Umschwung von klassischer Mediaplanung und klassischem Einkauf hin zu der programmatischen Buchung? Bisher stand das Umfeld, in dem geworben wird, im Mittelpunkt. Es gab ein festgelegtes Budget zu einem festen Tausender-Kontakt-Preis (TKP). Dieses wurde direkt zwischen Agentur (oder Kunde) und Vermarkter verhandelt. Die Planung muss dafür bereits im Vorfeld feststehen mit allen Budgetverteilungen, Vermarktern und dem Mediamix. Das Buchungsverfahren braucht eine gewisse Vorlaufzeit, denn neben den Verhandlungen und der Auftragsbestätigung muss das Werbemittel besonders in den klassischen Medien bereits mehrere Tage vor Start der Kampagne angeliefert werden.

Die Planung ist dazu nicht sehr flexibel. Es muss weiterhin manuell geplant und gebucht werden und auch die Targeting-Möglichkeiten sind sehr limitiert. Der Preis ist direkt festgesetzt, unabhängig von der Qualität des erreichten Nutzers. Allerdings ist das gebuchte Volumen auf den jeweiligen Platzierungen garantiert.

Beim Programmatic Advertising hingegen arbeitet man mit anderen Voraussetzungen. Anstelle eines festgelegten Preises gibt es einen individuellen Preis. Dieser gestaltet sich abhängig von den Impressions und den Nutzern. Es wird auch nicht ein ganzes Volumen gebucht, sondern es findet ein Einkauf einzelner Impressions statt. Das hat allerdings zur Folge, dass man keine Garantie auf ein bestimmtes Volumen hat. Vielmehr findet ein Einkauf in Echtzeit mittels Geboten statt, was auch dazu führen kann, dass das Werbemittel nicht ausgeliefert wird.

Andererseits hat man deutlich mehr Möglichkeiten des Targetings, die weit über Alter und Geschlecht hinausgehen. Man bucht also nicht mehr mit dem Fokus auf das Werbeumfeld. Vielmehr wird die Werbung dort geschaltet, wo der Nutzer unterwegs ist. Das erweitert das Portfolio der möglichen Werbeplätze natürlich ungemein. Der Kunde steigt in der Hierarchie der Entscheidung also weiter nach oben und gerät mehr in den Fokus. Er steht anstelle des Umfelds im Mittelpunkt der Planung und der Kampagne.

Wird Programmatic Advertising richtig eingesetzt, lernt man den Kunden genauer kennen und ist später in der Lage, seine Werbemittel viel gezielter einzusetzen.

2.2 Status quo – Wer kann schon was?

2.2.1 Die Digitalbranche

Man kann mittlerweile durchaus behaupten, dass Programmatic Advertising in der Digitalbranche in Europa angekommen und vor allem etabliert ist. Nur noch 13% der Werbungtreibenden, 8% der Publisher und 7% der Mediaagenturen widerstehen dem Trend (IAB Europe 2016a, 3). Und nur 8% der Marktteilnehmer weltweit glauben, dass Programmatic in Zukunft nur eine kleine oder gar keine Rolle spielen wird (AppNexus 2015, 8).

Eine logische Erklärung: Werbekunden müssen das Medium nicht verlassen. Die Buchung von Online-Werbung lief ja bereits von Anfang an digital ab, die Plattformen dafür mussten also einfach „nur" weiter entwickelt werden. Das macht es einfacher und bequemer.

Mit einem Volumen von 36 Milliarden Euro im Juni 2016 (IAB Europe 2016a, 4) hat die Digitalbranche in Europa es geschafft, den TV-Markt zu überholen. Eine stolze Leistung, wenn man bedenkt, was für einen Siegeszug TV seit seiner Erfindung hingelegt hat. Natürlich hat man digital noch viel mehr Möglichkeiten, als einfach nur einen Werbespot zu schalten. Zu der klassischen Display-Werbung kommt Video-Content, Social Media und last but not least auch noch der mobile Anteil hinzu. Programmatisch gehandelte Display-Werbung allein machte in Europa 2015 5,6 Milliarden Euro aus (IAB Europe 2016b, 3), der Rest teilt sich auf Video, Social Media und Mobile auf. Das bedeutet, der Markt hat sich seit 2013 fast verdreifacht. Dort lag das Spending nämlich bei 1,9 Milliarden Euro (IAB Europe 2016b, 3). Wobei Mobile das größte Wachstum verzeichnen kann und mittlerweile 45% der Spendings in diesem Bereich programmatisch gehandelt werden (IAB Europe 2016b, 8). 2013 lag der Anteil bei gerade mal 17,5% (IAB Europe 2016b, 8) und im Display-Bereich sind es 2015 ein etwas kleinerer Anteil von 40,8% (IAB Europe 2016b, 8). Der Anteil des Real Time Bidding (RTB) sinkt dabei: waren es 2013 46% der Spendings, die über RTB liefen, sind es 2015 nur noch 37% (IAB Europe 2016b, 9). Hier findet aber keine richtige Verdrängung statt, sondern vielmehr führt das RTB mit den anderen Methoden eine symbiotische Beziehung.

Klar ist aber auch, dass sich das meiste davon in Westeuropa abspielt. Von den 5,6 Milliarden werden gerade mal 398 Millionen Euro in Osteuropa gehandelt (IAB Europe 2016b, 5).

Deutschland gehört in Europa noch nicht zu den am weitesten entwickelten Märkten. Mit Österreich, Irland, der Schweiz, Belgien, Portugal, Spanien und Italien befindet es sich eher im mittleren Segment der Entwicklung (IAB Europe 2016a, 5).

Zwar steigert sich der Anteil von Programmatic an den Nettowerbeumsätze von 17% in 2014 auf 32% in 2016 (Bundesverband Digitale Wirtschaft e.V. 2016a, 10), vergleicht man das jedoch mit oben genannten Zahlen, erscheint der Sprung verhältnismäßig klein. Immerhin setzt Programmatic mittlerweile in 2016 577 Millionen Euro um (Bundesverband Digitale

Wirtschaft e.V. 2016a, 10). *eMarketer* aber zum Beispiel schätzt die Summe schon deutlich höher ein. Laut dem Marktforschungsunternehmen werden bereits 41%, also 797,2 Millionen Euro, programmatisch gehandelt (Rondinella 2016a).

Die Prognosen für dieses Geschäftsfeld sind gut, *eMarketer* geht 2018 von einem Umsatz von 1,4 Milliarden Euro aus (Rondinella 2016a). Das liegt wohl vor allem auch daran, dass der Markt für Mobile Programmatic sehr stark wächst, weil es dort die sinnvollste Art ist, Werbung auszuspielen und die richtigen Nutzer zu erreichen.

Nichtsdestotrotz ist hier noch viel Luft nach oben und großes Potential vorhanden. Umso wichtiger ist es, sich spätestens jetzt intensiv mit dem Thema auseinander zu setzen und es Märkten wie in Großbritannien oder Frankreich nachzumachen.

2.2.2 Mobile

Wie oben bereits erwähnt trägt Mobile einen großen Anteil am Wachstum von Programmatic Advertising. Deswegen wird es hier auch noch einmal gesondert behandelt, denn es etabliert sich mittlerweile ein eigener Markt, der sich von Desktop-Werbung ganz klar abgrenzen will und kann.

In Deutschland entfallen mittlerweile 20,9% des gesamten digitalen Mediamixes auf Mobile (Bundesverband Digitale Wirtschaft e.V. 2016e, 2). Bis 2019 wird der Prozentsatz hier bei 75% liegen (Bundesverband Digitale Wirtschaft e.V. 2016e, 2).

Der Anteil von Mobile Programmatic Advertising liegt 2016 bei 14%, was 7% weniger bedeutet als in Gesamt-Europa (Bundesverband Digitale Wirtschaft e.V. 2016e, 3).

Als Werbemittel werden immer noch gerne die klassischen Desktop-Banner (Skyscraper oder Super Banner) eingesetzt, was bei Smartphones und Tablets aber vielleicht nicht unbedingt empfehlenswert ist (Bundesverband Digitale Wirtschaft e.V. 2016e, 5). Hier ist die differenzierte Betrachtung also noch nicht ganz angekommen. Denn auch mit neuen Touchpoints wie Smartwatches oder anderen Wearables eröffnen sich ganz neue Möglichkeiten der Kommunikation mit dem Nutzer.

Der Vorteil, potentielle Kunden in einer spezifischen Nutzungssituation anzutreffen und ihnen entsprechende Werbung auszuliefern, wird noch nicht richtig genutzt, ist aber im Kommen und wird mit der Durchsetzung von Programmatic Advertising noch einmal einen Schub erfahren.

2.2.3 Out of Home

Out of Home ist nach der Digitalbranche der Markt, der in Programmatic Advertising aus Expertensicht am schnellsten wachsen wird.

Eine erste Kampagne hat *Ströer* zusammen mit *VivaKi* bereits schon umgesetzt (Janke 2016). Tatsächlich wurden die Werbemittel nicht einfach nur online gebucht, sondern es wurden auch 3rd Party Daten verwendet.

Im Mai und Juni 2016 konnten Passanten in Hamburg auf rund 100 Screens eine Kampagne mit dem Claim „Moovel my way" sehen. *VivaKis* Einkaufsplattform und *Ströers* Public-Video-Netzwerk wurden dazu miteinander verknüpft und mithilfe von Uhrzeit und Wetterdaten wurde die Kampagne ausgespielt (VivaKi 2016). Morgens, mittags und abends wurden unterschiedliche Spots gezeigt, die mit Humor jeweils das aktuelle Wetter in Hamburg aufgriffen.

Abbildung 7: Zwei Motive der OoH Kampagne (VivaKi 2016)

Ströer hat in Deutschland im Bereich Programmatic bei Out of Home definitiv die Nase vorn. Der Konzern arbeitet schon lange an dem Thema und kann eine eigene SSP zur Verfügung stellen (Ströer 2016). Deswegen – und, weil das Unternehmen die nötigen Mittel zur

Verfügung hat – ist die Prognose durchaus berechtigt, dass diese Branche mit am schnellsten programmatisch werden wird.

2.2.4 Fernsehen

Im Fernsehen spricht man vor allem von Adressable TV.

Eine Art Geotargeting hat *IP Deutschland* bereits im Februar 2015 in einer regionalen TV-Kampagne mit der Schnapsmarke *Kleiner Feigling* angewendet (Paperlein 2015). Das ist deswegen so besonders, weil es vorher nicht möglich und auch nicht erlaubt war, regionale TV-Werbung auszuspielen. Das blieb auch nicht ohne Folgen: regionale Medien wie Radio, Print und Out of Home gingen auf die Barrikaden, weil TV nun begann, ihnen auch noch eines ihrer Hauptargumente gegen das Medium wegzuschnappen: wenn TV, als beliebtestes Werbemedium in Deutschland, nun auch noch regional wird als, was für ein Stück vom Kuchen bleibt denn dann noch?

Unter anderem deswegen ist es bislang bei dieser einen Pilotkampagne geblieben. Doch mit Smart TVs und Connected TV bietet sich dem Markt eine ganz neue Möglichkeit.

Laut *GfK* sind rund 20 Millionen Geräte mittlerweile in Deutschland internetfähig (Janke 2016). Das bedeutet, eine individuelle Aussteuerung über Adserver ist durchaus im Bereich des Möglichen und wird immer interessanter werden.

In 2017 sollen erstmals Geräte mit dem Standard HbbTV auf den Markt kommen (Priller-Gebhardt 2016, 36). HbbTV ist die Abkürzung für „Hybrid Broadcasting Broadband TV" (HbbTV-infos 2016). Es bedeutet im Endeffekt nicht mehr und nicht weniger, als dass durch die Verknüpfung von Fernseh-Empfangswegen und dem Internet neue Services und Inhalte angeboten werden können (HbbTV-infos 2016). Dort ist es somit möglich, den klassischen Werbeblock durch genau ausgesteuerte Clips aus dem Internet auszutauschen. Außerdem können Smartphones und Tablets mit den Fernsehern verbunden werden und ermöglichen es so, einen Rückkanal vom Kunden zur Marke zu bilden.

Procter & Gamble hat im vierten Quartal 2016 eine erste Kampagne zum Thema Adressable TV geschaltet (Schwegler 2016c). Der Spot für ihr Produkt *Wick Medinait* wurde zusätzlich um eine Wettervorhersage und das persönliche Erkältungsrisiko erweitert. Damit bleibt die Werbung bei den Konsumenten deutlich besser in Erinnerung. Zusätzlich konnte der Spot detaillierter wiedergegeben werden und die Produktvorteile kamen mehr heraus. Außerdem strahlten die zusätzlichen Informationen positiv auf das Image der Marke ab.

Natürlich gibt es Vorreiter, die die notwendigen Ressourcen besitzen um das Thema auszuprobieren: *IP*, *Seven-One Media* und *Goldbach* (Janke 2016).

Im klassischen TV gibt es auch schon erste Versuche, die sich allerdings deutlich schwieriger gestalten. *IP* und die *Mediacom* wollen es möglich machen, dass zumindest Werbespots in Echtzeit eingebucht werden können (Janke 2016). Doch das funktioniert nur, solange nicht andere Agenturen hinzukommen und man in seinem Private Marketplace bleibt. Es gibt bislang keinen Standard und so gut wie jeder arbeitet mit einem anderen System, die untereinander größtenteils nicht kompatibel sind. Hier liegt also noch ein weiter Weg vor den Entwicklern.

Jedoch ist Fernsehen auch längst nicht so spannend für Programmatic wie die anderen Medien. TV ist nicht so diffizil wie zum Beispiel Digital. Es gibt nicht viele Vermarkter, die sich einigen müssen und die Restplatzvermarktung ist nicht von großer Bedeutung (Janke 2016). Nichtsdestotrotz will das Medium programmatisch werden. *IP*-Manager Dang bringt es auf den Punkt: „Programmatic wird ein Standard für alle Plattformen werden, also muss auch TV verfügbar sein." (Janke 2016).

2.2.5 Radio

Radio ist in der deutschen Mediaplanung nicht immer Top of Mind. Im Gegenteil fällt es gerne hintenüber, obwohl es weiterhin eine große Reichweite und vor allem im Vergleich zu Fernsehen einen niedrigen TKP hat.

Deswegen ist es für die Radiobranche umso wichtiger, in einem zukunftsweisenden Thema wie der programmatischen Einbuchung und Kreation von Werbung nicht hinterher zu hinken und mit einem guten Vorsprung ins Rennen zu gehen.

Radio ist außerdem – ein bisschen wie TV – ein Sonderfall. Es muss nämlich hier zwischen klassischem UKW und Webradio unterschieden werden.

Widmen wir uns zuerst einmal dem Webradio. Ganz klarer Marktführer im Bereich Programmatic ist hier *Spotify*.

Im September 2016 startete der Streaming-Dienst zusammen mit *The Trade Desk* und *Rubicon Project* seine erste programmatische Kampagne in Deutschland (Paperlein 2016). Auch dies lief über einen Private Marketplace ab, um das Szenario in einem gesicherten Umfeld testen zu können. Das war sozusagen der Startschuss für programmatische Audio-Werbung auf *Spotify* in Deutschland.

Außerdem ist es seit Oktober 2016 möglich, bei *Spotify* Nutzer in bestimmten Alltagssituationen in Echtzeit zu erreichen (Rondinella 2016b). Die *Branded Moments* ermöglichen es Werbungtreibenden, potentielle Kunden zum Beispiel beim Training im Fitnessstudio zu erreichen. Mithilfe von Nutzerdaten und kuratierten Playlists ist *Spotify* in der Lage, seine Hörer genau zu verstehen und zu identifizieren. Somit bieten sie einen Mehrwert für Marken, die ihre Zielgruppe genau kennen und diese gezielt in Alltagsmomenten ansprechen wollen.

Spotify hat natürlich auch den Vorteil, dass sie in den USA schon seit längerer Zeit mit dem Thema arbeiten und experimentieren können. Was nicht heißt, dass sie alles eins zu eins adaptieren können, aber die Erfahrung sammeln zu können ist gerade bei so einem neuen Thema sehr viel wert.

Doch auch Vermarkter wie *audimark* sind bereits tief im Thema. *Audimark* vermarktet Web-radiosender in Deutschland. Sie haben auch wieder den Vorteil – wie *Spotify* -, dass sie so-wieso schon digital unterwegs sind, die grundsätzliche Plattform also „nur" um den pro-grammatischen Teil erweitert werden muss.

Ein weiteres Beispiel ist die Kampagne für *Das Örtliche* von *Zenith* (Schobelt 2016). Sie bewarb die App des Kunden und nutzte unter anderem ortsabhängiges Targeting. Die Daten wurden Ihnen dabei von *Adsquare* zur Verfügung gestellt.

Zehn verschiedene Spots wurden an zehn verschiedene Zielgruppen ausgespielt, je nachdem, wo sich der Nutzer gerade befand. Einer sprach Sportbegeisterte an, die sich zum Beispiel auf bestimmten Sport-Events aufgehalten hatten. Ein anderer Spot richtete sich an Tierbesit-zer, die einen Tierarztbesuch hinter sich hatten. Genutzt hat *Zenith* zwei verschiedene DSPs, die Werbeplätze von verschiedenen Vermarktern mit den Geo-Daten abstimmten (Schobelt 2016).

Im UKW-Radio gestaltet sich die programmatische Ansprache deutlich schwieriger, aber auch hier gibt es erste Schritte. Zuerst einmal soll es vor allem möglich sein, automatisiert zu buchen (Janke 2016). Ein deutlicher Fortschritt zum jetzigen System, der jedoch noch deut-lich weiter ausgebaut werden kann – und auch sollte. Gearbeitet wird daran maßgeblich von den großen Vermarktern von UKW-Radio in Deutschland: *RMS*, *AS&S* und der *SpotCom*.

Ein Punkt ist an dieser Stelle zu erwähnen. Er betrifft nicht nur Radio, sondern alle klassi-schen Medien wie TV oder Print. Sender werden auch in den nächsten paar Jahren nicht da-hin kommen, dass sie jeden ihrer Hörer (oder Zuschauer) kennen und deswegen ein Targe-ting mit 100%iger Trefferquote ausspielen können (F.K., Interview, Technologieanbieter, Skype, 08.09.2016, siehe Anhang). Wie es jetzt auch schon Gang und Gebe ist, werden Sen-der über Hochrechnungen ermitteln, wie bestimmte Hörer wann zu erreichen sind. Der Grund dafür steckt im System: Im UKW-Radio ist es bis dato unmöglich, die gleichen Daten zu erheben wie Online. Es ist eine einseitige Kommunikation ohne Rückkanal vom Hörer zum Sender. Im Prinzip kann jeder – Frau, Kind oder Hund – vor dem Gerät sitzen, der Sen-der kann nur über Marktforschung und Hochrechnungen Wahrscheinlichkeiten ermitteln. Die Erhebung wird so ablaufen, dass die Sender ihre Streams analysieren und online ihre Daten sammeln. Diese werden dann hochgerechnet auf den klassischen UKW-Bereich (F.K., Interview, Technologieanbieter, Skype, 08.09.2016, siehe Anhang). Das könnte sich natür-lich ändern, wenn zum Beispiel nur noch Connected Cars auf der Straße fahren, die alle mit Online Audio arbeiten. Allerdings wird es bis dahin noch ein paar Jahre dauern und Pro-grammatic wird bereits deutlich vorher zum Standard werden.

2.2.6 Print

Auch bei Print gibt es einen Pionier: *Gruner + Jahr (G+J)*.

Seit Januar 2016 ist es Werbekunden möglich, Anzeigenplätze programmatisch zu buchen (Pimpel 2016). Zusammen mit *Yieldlab* haben sie die Plattform *programmatic-print.de* eingerichtet, auf der handverlesene Mediaagenturen freie Werbeplätze einsehen und buchen können. Es handelt sich also um einen Private Marketplace, auf dem ausgewählte Platzierungen mit so wenig Vorlaufzeit wie möglich gebucht werden können.

Zukünftig sollen natürlich alle verfügbaren Werbeplätze in Echtzeit buchbar sein. An technischen Lösungen dafür wird auf jeden Fall gearbeitet (Pimpel 2016). Außerdem soll auch eine crossmediale Verknüpfung stattfinden: Mobile und Desktop werden auch angeboten. Und zuletzt wird es auch eine Möglichkeit des Real Time Bidding geben. Also ein programmatisches Paradies im Print.

Wie weit die Entwicklungen fortgeschritten sind, wann das Projekt aus der Pilotphase austritt und von welchem Zeithorizont hier gesprochen wird, ist unklar. Allerdings werden die ersten Schritte in die richtige Richtung getan. Wichtig war *G+J* vor allem, das Thema auszuprobieren. Vermarktungschef Frank Vogel sagt dazu: „Bei neuen Themen muss man irgendwann einfach mal anfangen und Schritt für Schritt ausprobieren, selbst wenn noch nicht alle Eventualitäten bis ins letzte vorgezeichnet sind." (Pimpel 2016).

2.2.7 Kino

Kino wird in großen Mediaplänen oft nicht berücksichtigt. Es ist ein regionales, vergleichsweise günstiges Medium, das oft vergessen wird und auf dem kein Fokus liegt. So scheint es auch beim Thema Programmatic Advertising.

In den USA wurde im Juni 2016 das erste Mal ein programmatisches System im Kino aufgesetzt. Ein Netzwerk für Kinowerbung in den USA – *Screenvision Media* – macht es nun zusammen mit *Rubicon Project* möglich automatisch Spots einzubuchen (Adzine 2016).

Das hing allerdings eher mit der Notwendigkeit zusammen Kino mit den anderen Medien gleichzuziehen und weniger mit der großen Nachfrage nach dem Medium. Nun können Werbungtreibende bei *Rubicon Project* alle Kanäle programmatisch buchen, Kino vervollständigt das Angebot (Adzine 2016).

In Deutschland ist das Thema offiziell noch gar nicht angekommen. Erst einmal liegt der Fokus wohl auf den anderen, relevanteren Medien. Früher oder später wird aber auch Kino gleichziehen müssen und sein Inventar programmatisch zur Verfügung stellen. Das kann aber noch ein bisschen dauern.

Fasst man das vorherige gedanklich zusammen, wird deutlich, dass die anderen Medien im Gegensatz zum Digitalen noch deutlich Nachholbedarf haben. Man könnte es vielleicht mit

Grundschule und Universität vergleichen. Ja, es gibt erste Kampagnen und erste Schritte in die richtige Richtung. Aber vergleicht man den Status quo in Deutschland mit dem Rest von Europa – ganz zu schweigen von den USA – so ist auch noch viel Luft nach oben und es gibt noch deutlich mehr Hürden, die überwunden werden müssen.

2.3   Entwicklungsprognosen

Es geht weg vom Status quo hin zu den Prognosen (und Wünschen), wie Programmatic Advertising in Zukunft ablaufen soll.

Klar ist, dass die Kommunikation mit dem Nutzer immer weiter individualisiert wird und es immer mehr zu einer Eins-zu-Eins-Ansprache kommt. Natürlich wird es auch weiter die klassische Buchung von Massenmedien geben – im Markt wird davon ausgegangen, dass dieser Anteil bei bis zu 50% bleiben wird –, aber die direkte Adressierung des Nutzers wird weiter zunehmen und besser werden.

Die Agentur *diffferent* hat in ihrem Whitepaper „The Programmatic Giant" ein Vier-Stufen-Modell entwickelt, basierend auf Marktprognosen und Branchen-Insights (diffferent 2015, 18). So wird sich laut der Agentur Programmatic Advertising von Programmatic Online Buying über Programmatic All-Media-Buying und Programmatic Creation bis hin zu Programmatic Orchestration entwickeln.

Level eins, das Programmatic Online Buying, gibt es bereits seit 2013 im Online-Bereich und wurde oben im Status quo erläutert. Hier geht es um die automatisierte Buchung von Werbeinventar (diffferent 2015, 19).

Darauf folgt das Programmatic All-Media-Buying, welches sich schon in 2017 immer weiter durchsetzen wird. Hier werden dann alle Medien programmatisch buchbar, nicht nur der Online-Bereich (diffferent 2015, 21). Dies ist ja auch schon in Arbeit, wie oben bereits beschrieben. Wichtig ist hier zu erwähnen, dass auch neue Touchpoints für Werbungtreibende relevant werden wie zum Beispiel Smart Watches oder Virtual-Reality-Brillen. Sie können für ein ganz neues Werbe-Erlebnis sorgen und die Bindung des Nutzers zur Marke verstärken, wenn sie richtig eingesetzt werden. Nachfolgende Grafik veranschaulicht die verschiedenen Medien-Möglichkeiten.

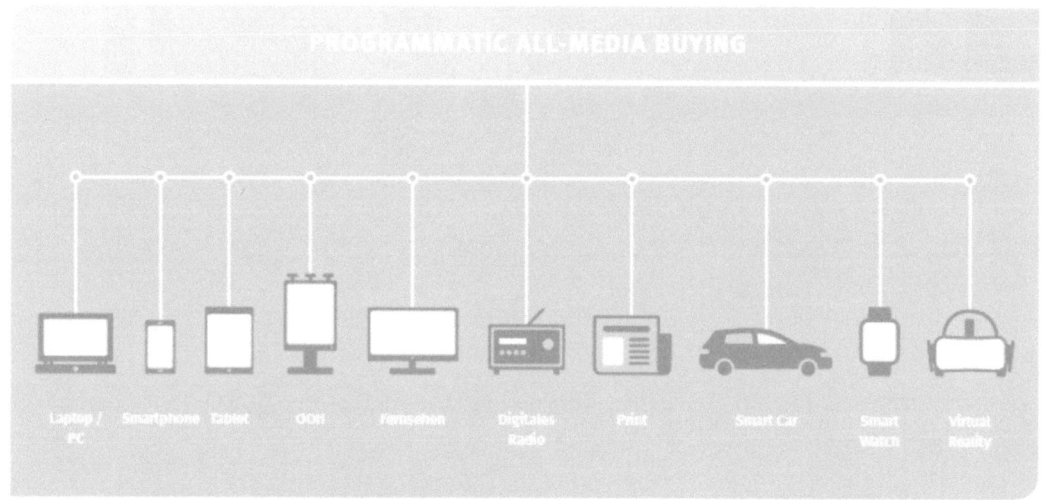

Abbildung 8: Touchpoints im All-Media-Buying (diffferent 2015, 22)

Die nächste Stufe soll in 2019 erreicht werden: Programmatic Creation (diffferent 2015, 23). Nicht nur der Media-Einkauf soll hier programmatisch funktionieren, sondern auch Strategie und Kreation werden sich mit dem Thema beschäftigen.

Das Planning wird unterstützt werden durch Algorithmen, die Zielgruppen viel schneller definieren können. Auch die Segmentierung wird deutlich schneller und besser werden durch den Einsatz von Programmatic. Außerdem können hier Gemeinsamkeiten und Verhaltensmuster viel leichter identifiziert werden.

Durch das genauere Bild, das Unternehmen über die Nutzer bekommen, wird auch die Kreation beeinflusst werden. Es wird möglich sein, Werbung in Module zu untergliedern und diese Module wie einen Setzkasten genau so zusammenzusetzen, wie es am besten und effektivsten ist. Botschaften, Inhalte und Tonalitäten können frei kombiniert werden, was auch durchaus eine neue Herausforderung für Kreative bedeutet. Denn alles sollte ja zusammenpassen. Die Entscheidung, welche Module kombiniert werden, treffen auch wieder Algorithmen. Somit erfolgt ein weiterer Schritt von der Massenkommunikation hin zur Eins-zu-Eins-Ansprache.

Ein paar deutsche Kreativagenturen beschäftigen sich bereits mit dem Thema. Allen voran steht hier *Jung von Matt*, die sich bereits intensiv mit dem Thema Daten und Kreation auseinandersetzen (Schütz 2016). Denn auch wenn das Thema Programmatic gerade in der Kreativbranche noch mit sehr skeptischem Blick beäugt wird, so sehen sie doch die Vorteile, die damit einhergehen. Es wird möglich sein, den Nutzer während seiner kompletten Customer Journey individuell anzusprechen mit einer Story, die relevant für ihn ist. Eigentlich ein Traum für jeden Kreativen.

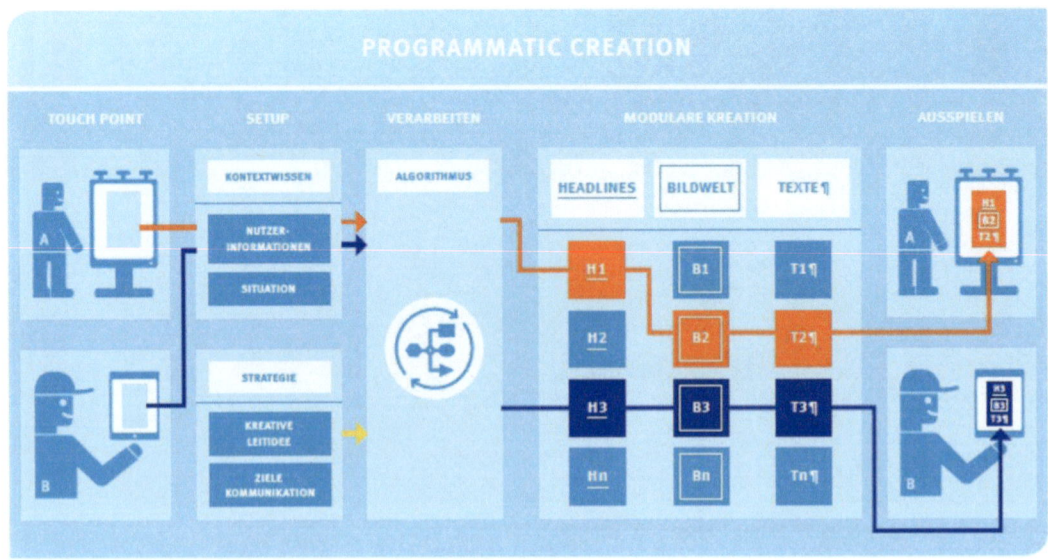

Abbildung 9: Vorgang der Programmatic Creation (diffferent 2015, 24)

Das letzte Level, der (bisherige) Idealzustand wird laut *diffferent* um das Jahr 2021 herum eintreten und nennt sich Programmatic Orchestration (diffferent 2015, 25).

Das Finale „macht Werbung zu einem selbstlernenden und iterativen System" (diffferent 2015, 25). Durch die genaue Ansprache und die Reaktionen der Nutzer darauf lernen Mensch und Maschine die Zielgruppen immer besser kennen und können entsprechend auch ihre Kommunikation immer besser auf sie anpassen. Es kommt also zu einer noch größeren Individualisierung und die Beziehung zwischen Nutzer und Marke wird immer weiter vertieft werden.

Es soll möglich sein, über mehrere Medien hinweg eine Geschichte zu erzählen und die Reaktionen der Nutzer einzufangen. Dann kann wiederum von Seiten der Werbungtreibenden richtig darauf reagiert werden. Diese Reaktionen können dann ganz unterschiedlich ausfallen: entweder muss die Frequenz erhöht werden, es müssen neue Kanäle bespielt werden, die Kreation muss verändert werden oder es kann natürlich auch passieren, dass die Werbung bei manchen Nutzergruppen eingestellt wird.

Allerdings müssen bis dahin noch einige technische Hürden überwunden werden. Allen voran muss es möglich sein, ein Retargeting auch über Geräte hinweg durchzuführen. Das heißt, dass Nutzer wiedergefunden werden, auch wenn sie zwei oder mehrere Geräte benutzen. Bis jetzt ist das nicht möglich. Außerdem benötigen manche Medien noch einen Rückkanal. Besonders bei den klassischen Kanälen fehlt dieser bisher und es ist auch noch nicht vollständig klar, wie das Problem gelöst werden soll.

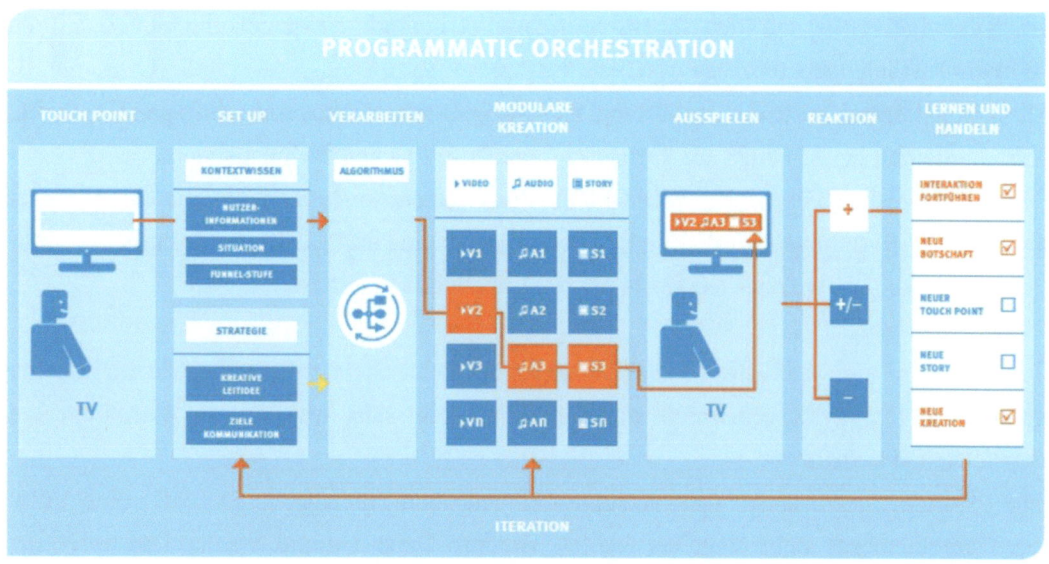

Abbildung 10: Ablauf der Programmatic Orchestration (diffferent 2015, 26)

Grundsätzlich ist hier allerdings zu erwähnen, dass das Zeitprogramm der Agentur sehr straff gesetzt ist. Dadurch, dass sie aus dem Online-Bereich – und hier speziell von *Google* unterstützt werden - kommen, haben sie noch eine ganz andere Perspektive auf das Thema als die klassischen Medien. Es kann somit durchaus sein, dass der Prozess noch ein paar Jahre mehr in Anspruch nehmen wird. Dass er kommt, steht allerdings nicht zur Diskussion.

Mit dieser Entwicklung des Systems wird sich auch der Markt bewegen und verändern. Hier macht *diffferent* vier Tendenzen aus (diffferent 2015, 37).

Einmal werden Spezialagenturen entstehen, die Marktbereiche abdecken, die große und etablierte Agenturen noch nicht bedienen. Das könnte zum Beispiel eine Agentur sein, die sich ausschließlich mit dem programmatischen Einbuchen beschäftigt. Dabei wird es vielleicht auch egal sein, welche Werbemittel sie einbuchen. Sie haben den Vorteil gegenüber bereits bestehenden Agenturen, dass sie ihre Struktur direkt entsprechend aufbauen können. In großen Agenturen hat man bisher immer noch die Abteilungen, die für die verschiedenen Medien zuständig sind und jeweils ihr eigenes Süppchen kochen. In neu gegründeten Spezialagenturen muss das dann nicht mehr der Fall sein und sie werden das neue System deutlich schneller adaptieren können.

Der zweite Weg beinhaltet, dass bestehende Agenturen ihr Portfolio ausweiten, vielleicht hin zu einer Full-Service-Agentur für Programmatic Advertising.

Hinzu werden neue Player auf den Markt kommen, die bisher gar nichts mit dem Agentursystem an sich zu tun haben: IT- und Softwareunternehmen. Große Konzerne wie zum Beispiel *SAP* beschäftigen sich bereits durchaus mit dem Thema und könnten in Zukunft eine größere Rolle spielen. Sie haben bereits die Kompetenz im Datensammeln und -auswerten und verwenden teilweise auch schon fertig entwickelte Algorithmen. Sie könnten also einen

35

neuen Geschäftszweig eröffnen, indem sie in den Werbemarkt einsteigen und hier auch ihren Teil vom Kuchen abbekommen.

Als letztes kommt auch das Insourcing von Aufgaben und Prozessen infrage. Das heißt, Werbungtreibende verzichten auf Partner und machen alles unternehmensintern.

Vermutlich wird sich keiner der Wege alleine durchsetzen, sondern es wird ein Konglomerat aus allen vier Richtungen werden. Jeder Werbungtreibende und jede Agentur muss hier individuell entscheiden, welches das Beste und Praktikabelste für sie ist.

Natürlich wird sich auch die Mediaplanung entwickeln. Sie wird deutlich facettenreicher werden und Planer müssen immer auf dem Laufenden sein, was aktuelle Vorgänge und Möglichkeiten betrifft.

Eine Prognose hierzu lautet, dass Werbungtreibende und Publisher in Zukunft keine Volumen-Commitements mehr eingehen werden, sondern Daten-Commitements. Das heißt, der Fokus schwenkt von der Häufigkeit der Einspielung hin zu der Art und Masse von Daten, die benötigt werden. Das ist essentiell für Mediaplaner, weil das auch die Strategie und Art der Planung verändern kann.

2.4   Limitierende Faktoren für Programmatic Advertising

Nachdem nun gezeigt wurde, wo sich das Thema hin entwickeln kann, stellt sich eine große Frage: Warum ist es denn noch nicht so?

Die hier aufgeführten Faktoren sind allgemein gültig und nicht nur auf den Mittelstand anwendbar. Es handelt sich hierbei um Probleme, welche die ganze Werbebranche betreffen und somit nicht nur für kleinere Unternehmen relevant sind.

2.4.1 Der Markt

Als Erstes hat man das Problem, dass sich im Moment ein relativ elitärer Kreis mit Programmatic beschäftigt und andere Marktteilnehmer – vornehmlich ist hier der Mittelstand zu nennen – gar keine Möglichkeit oder Chance haben, sich in den Entwicklungs- und Ideenfindungsprozess einzuklinken. Einerseits entbehrt das natürlich nicht einer gewissen Logik. Natürlich gibt es immer erst einmal einen kleinen Kreis, der sich damit beschäftigt und erste Cases kreiert. Aus dem einfachen Grund, dass sie auch die finanziellen Möglichkeiten haben sich damit zu beschäftigen.

Nichtsdestotrotz sollte das Thema mittlerweile prominenter aufgehangen werden. Immerhin geht es unter anderem darum, auch in internationalen Märkten weiterhin zu bestehen. Der Zugang zu Testplattformen oder Test-Systemen sollte nach und nach erweitert werden, sonst hat der Markt keine Chance sich weiterzuentwickeln. Innerhalb des Ecosystems muss klar kommuniziert werden, wo die Zuständigkeiten liegen und eine gewisse Transparenz geschaffen werden.

Das hat auch zur Folge, dass bis jetzt noch keine wirklichen Standards etabliert sind. Es gibt kaum Regeln und jeder kann machen, was er will. Grundsätzlich ist das zum Ausprobieren natürlich gut, jedoch wird das auf Dauer nicht funktionieren. Zumindest eine grundlegende Struktur muss aufgebaut werden, da es sonst zu einer Vielstaaterei kommen kann, in der nichts miteinander kompatibel ist. Das beeinträchtigt dann im Endeffekt die Effizienz von Programmatic Advertising.

Der *BVDW* hat um dem entgegen zu wirken Ende 2016 einen „Code of Conduct Programmatic Advertising" erarbeitet, der Transparenz, Sicherheit und Qualität garantieren soll (Bundesverband Digitale Wirtschaft e.V. 2016d). Dieser ist verpflichtend, wenn man ihn unterzeichnet. Das wiederum steht den Unternehmen jedoch frei.

2.4.2 Der Mehrwert

Auf der anderen Seite ist das Interesse aber auch noch nicht so stark vorhanden, wie man es sich vielleicht wünschen würde. Viele Marketingentscheider sehen den Sinn in Programmatic noch gar nicht – wenn es denn überhaupt schon in ihrem Relevant Set auftaucht. Das geht auch damit einher, dass Werbungtreibende noch keinen richtigen Mehrwert in dem Thema sehen.

Das Problem ist, dass noch keine Konvergenzwährung existiert, die medienübergreifend funktioniert. Jedes Medium hat weiterhin seine eigenen KPIs. Das hat natürlich auch seine Berechtigung, da man mit verschiedenen Medien auch verschiedene Ziele erreichen kann. Fernsehen zum Beispiel ist ein Massenmedium mit dem man dem Gießkannen-Prinzip gleich Werbung national ausstrahlen kann. Radio hingegen ist auch ein Massenmedium, aber gleichzeitig deutlich regionaler als TV. Und wenn man über Online redet, kommt das Wort „Masse" in der Zielsetzung erst gar nicht vor.

Und trotzdem müssen sich Vertreter der verschiedenen Gattungen an einen Tisch setzen und zumindest eine Art Einheit schaffen. Nicht nur, was den Mehrwert für die Branche angeht, sondern auch Standards betreffend. Ein gewisses Maß an Standardisierung ist notwendig, sonst verpufft die Vision einer Programmatic Orchestration. Zumindest sollte man sich auf grundlegende Technologien oder Vorgänge einigen, die jedes Medium bedienen kann und die später dann zu einem Digital Hub – also einer digitalen Bündelung – zusammengeschlossen werden können.

Denn sonst wird Mediaplanung für Werbungtreibende und Agenturen nicht besser, sondern einfach nur anders. Und ob sich Programmatic dann so durchsetzt, wie man es sich wünscht, bleibt fraglich.

Die *agma* hat mit der *ma Intermedia PLuS* einen ersten Schritt in die richtige Richtung gemacht. Hier werden die medienindividuellen Erhebungsstudien – also die *ma Radio, ma Pla-*

kat, *ma Internet* und die *ma Pressemedien* – zusammen mit dem Fernsehpanel zusammenge-fasst (agma 2016). Somit sind die Medien direkt in einer Studie zu vergleichen.

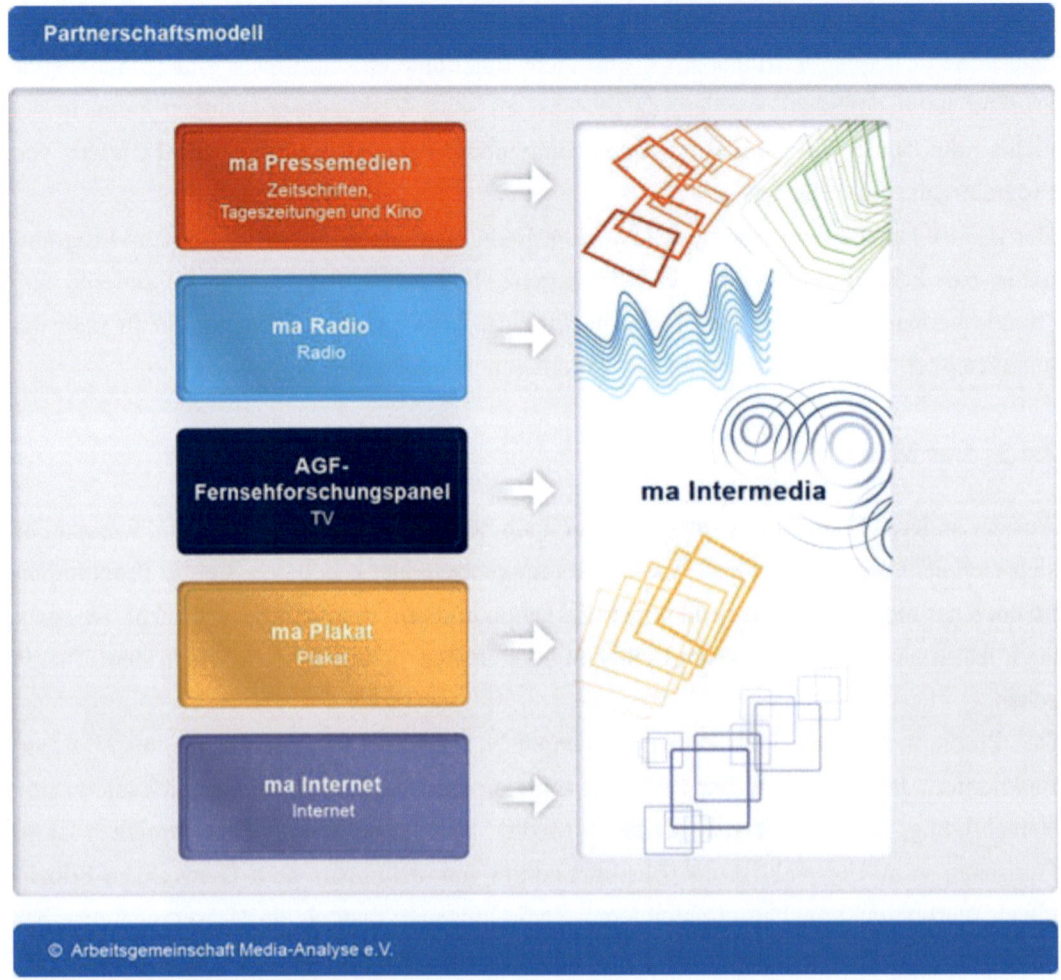

Abbildung 11: Modell der *ma Intermedia PLuS* (agma 2016)

7Allerdings sind Werbungtreibende – und in deren Vertretung besonders die *OWM* – noch nicht ganz zufrieden und fordern weitere Schritte (Schwegler 2016b). Diese Studie geht zwar weiter ein bisschen in Richtung einer Konvergenzwährung, doch ein zufrieden stellendes Ergebnis ist sie noch lange nicht.

Oft spielt hier auch ein Gedanke mit hinein, der besonders in Deutschland und den klassi-schen Medien ausgeprägt ist: Einfach mal probieren und sehen, wie es läuft, ist nicht so gern gesehen. Man diskutiert und überlegt lieber erst einmal eine Weile, bevor man aktiv wird. Und wenn man dann aktiv wird, ist es oft schon sehr spät und man muss einen gewaltigen Vorsprung aufholen.

2.4.3 Die Zielgruppen

Und noch eine weitere Veränderung steht an, die bei den Werbungtreibenden vielleicht erst einmal nicht ganz so einfach durchzusetzen ist. Es besteht eine Notwendigkeit, die Zielgruppen und deren Einteilung neu zu überdenken (diffferent 2015, 29). Aktuelle Zielgruppen – wie zum Beispiel die allseits beliebte Einteilung der 14- bis 49-Jährigen – spiegeln mittlerweile nicht mehr die Gesellschaft wieder.

Grundsätzlich hat dieser Punkt nicht viel mit Programmatic Advertising zu tun. Die Auswirkungen dürften allerdings klar auf der Hand liegen.

Meistens werden Zielgruppen noch nach dem Alter eingestuft. Das macht insofern Sinn, als dass Menschen der gleichen Altersgruppe meistens auch ähnliche Medien verwenden und diese auf eine ähnliche Art und Weise konsumieren. Doch hier fängt es schon an: nur, weil jemand das gleiche Alter hat, heißt das noch lange nicht, dass sie gute Adressaten für ein und dieselbe Werbung sind. Die Lebenssituationen, Hobbies, Interessen und das Einkommen können gerade bei den Jüngeren stark variieren. Da macht es doch deutlich mehr Sinn, Zielgruppen in Nutzungssituationen und Verhalten einzuteilen. Natürlich kann das Alter immer noch ein Kriterium bleiben, durch die genauere Definition einer Zielgruppe kann die Effizienz der Werbung jedoch deutlich gesteigert werden. Bis sich dieser Prozess durchgesetzt hat, wird es aber vermutlich noch ein bisschen dauern.

2.4.4 Die Konsumenten

Adblocker sind seit 2016 ein großes Thema in der Branche. Obwohl ihre Anzahl auf dem Desktop rückläufig ist, stieg ihre Nutzung mobil deutlich an. Im dritten Quartal 2015 wurde noch auf 21,16% der Page Impressions die Auslieferung von Werbung verhindert, während das im gleichen Zeitraum in 2016 „nur noch" bei 19,11% der Impressions der Fall war (Rentz 2016a). Seit Ende 2015 ist die Rate kontinuierlich weiter gesunken (Rentz 2016a) – eigentlich ein gutes Zeichen für Werbungtreibende. Diese Daten wurden von den Mitgliedern des *Online-Vermarkterkreises* (*OVK*) im *Bundesverband Digitale Wirtschaft e.V.* erhoben und an die Organisation gemeldet (Rentz 2016a).

Laut dem stellvertretenden Vorsitzenden des *OVK* Oliver von Wersch ist das auch auf die Aufklärungsarbeit der Werbungtreibenden gegenüber den Nutzern zurückzuführen (Rentz 2016a). Der Dialog mit den Konsumenten und eine verbesserte Qualität der Werbung trügen ihren Teil dazu bei (Rentz 2016a).

Demgegenüber steht jedoch die Anzahl der mobilen Adblocker. Weltweit sind die Systeme auf 419 Millionen Smartphones installiert, das entspricht einer Quote von 22% (Rentz 2016a). Anfang 2016 war die Aufregung groß, als *Apple* es mit seinem neuen Betriebssystem möglich machte, Werbung auf mobilen Endgeräten zu blockieren (Kraus 2016). Nicht davon betroffen sind jedoch In-App-Werbungen (Kraus 2016). Und auch in Großbritannien und Italien hat ein Mobilfunkanbieter seit kurzem einen integrierten Adblocker auf dem Markt, der sämtliche Werbung auf Smartphones abwehren soll (Kraus 2016).

Schaut man jedoch nach Deutschland, sehen die Zahlen schon ganz anders aus. Hier nutzen nur 0,5% der Smartphone-Nutzer einen Adblocker laut einer Studie von *Statista* (Kraus 2016). Kumuliert man Online und Mobile macht das laut dem *Allensbach Institut für Demoskopie* einen Anteil von 17% aus (Kraus 2016).

Abbildung 12: Nutzung von Adblockern in Deutschland (Kraus 2016)

Die Lage ist also nicht so ganz dramatisch, wie sie gerne dargestellt wird. Trotzdem sollten Werbungtreibende als Anregung und Ziel nehmen, die Nutzung nicht weiter ansteigen zu lassen.

Und die vergleichsweise niedrige Zahl birgt auch Vorteile in sich, wenn man die Perspektive wechselt. So vermindern Nutzer von Adblockern die Streuverluste (Kraus 2016). Der Teil, der Werbung kategorisch ablehnt, wird auch nicht erreicht. Vielmehr werden nur die Nutzer angesprochen, die Werbung angezeigt bekommen wollen, sie in Kauf nehmen oder sich nicht von ihr gestört fühlen (Kraus 2016). Somit steigert sich die Effizienz.

Und diese qualitativen Kontakte gilt es auf richtige Art und Weise anzusprechen. Eine *Teads*-Studie besagt, dass sich 40% der Befragten qualitativ hochwertigere Werbung wünschen (Kraus 2016). Das beinhaltet eine bessere Story, mehr Unterhaltung und eine bessere Abstimmung auf die Bedürfnisse der Nutzer (Kraus 2016) – also eigentlich alles, was Programmatic Advertising zu leisten wünscht.

Und es geht sogar noch einen Schritt weiter. Gerade mobil und bei der Nutzung von Apps erwarten viele Nutzer Werbung: nämlich nach einer Studie von *Millenial Media* 79% (Kraus 2016). Die Aufgabe lautet nun also, Innovation und Kreativität freien Lauf zu lassen und mithilfe des neuen Systems Programmatic Advertising die Erwartungen der Nutzer zu übertreffen. So wird die Marke emotionalisiert, personalisiert und die Kaufbereitschaft steigt.

Einen Schubs in diese Richtung gibt auch *Google* vor. Durch das Page-Ranking wird entschieden, welche Seiten bei Suchanfragen oben stehen und welche nicht. Natürlich werden solche mit einem geringeren Qualitätsfaktor abgestraft. Und seit circa zwei Jahren spielt in diesen Qualitätsfaktor auch die mobile Optimierung und der Content hinein (Mattgey 2016). Webseiten, die aufdringliche Werbung bei sich installieren, haben es somit schwerer in den Suchergebnissen nach oben zu rutschen (Mattgey 2016).

Große Verlage wie *Bild*, *Gruner+Jahr*, und zuletzt auch die *Süddeutsche Zeitung* (*SZ*) haben Adblockern auf andere Art und Weise den Kampf angesagt (W&V Online 2016b). Um die gewünschten Artikel lesen zu können, müssen Nutzer ihren Adblocker ausschalten, sich registrieren und einloggen oder ein Abo abschließen (W&V Online 2016b). Der Grund für diesen Schritt ist ganz einfach: durch Adblocker gehen den Verlagen in Deutschland jährlich ein dreistelliger Millionenbetrag verloren (W&V Online 2016b). Deswegen – und um Journalismus auch zukünftig finanzierbar zu machen – startete die *SZ* diese Initiative. Und sie scheint aufgegangen zu sein. Die Zahl der ausgespielten Ad-Impressions stieg deutlich an (W&V Online 2016b).

Nicht viele Verlage gehen diesen Schritt aus Angst vor dem Reichweitenverlust (W&V Online 2016b). Sie warten lieber ab und harren der Dinge, die da noch kommen mögen. Doch das ist eher die falsche Methode. Auch hier findet sich wieder ein weiteres Argument dafür, dass die Art und Weise von Werbung sich verändern muss, damit auch die Konsumenten mitziehen und sich Programmatic Advertising durchsetzen kann.

Ein gutes Beispiel dafür lieferte *Netflix* Ende 2016 (Rentz 2016c). Der Streaming-Dienst hat es geschafft, mit seiner Display-Kampagne Adblocker zu umgehen (Rentz 2016c). Beworben wurde die Eigenproduktion *Black Mirror*, die sich auch mit dem Thema Technik in der Zukunft beschäftigt. Genau darauf zielte die Anzeige ab, die Nutzern von Adblockern anstelle der normalen Display-Anzeige gezeigt wurde (Rentz 2016c).

Abbildung 13: *Netflix*-Anzeige bei installiertem Adblocker (Rentz 2016c)

Natürlich geschah dies nur mit dem Einverständnis verschiedener Publisher in den USA und diese ließen sich die Ausstrahlung auch teuer bezahlen (Rentz 2016c). Und trotzdem ist sie ein Beweis dafür, dass man Nutzer auch Online auf kreative Art und Weise ansprechen kann.

Auch Fake News spielen bei Programmatic Advertising eine Rolle. *Testbericht.de* hat Ende 2016 eine Studie veröffentlicht, in dem sie deutschen Qualitätsmedien ein Problem mit falschen Nachrichten auf ihren Webseiten konstatieren (Rentz 2016b).

Untersucht wurden rund 100 Nachrichten-Seiten - mobil und auf dem Desktop, mit und ohne Adblocker (Rentz 2016b). Dazu wurden auch nicht irgendwelche Seiten ausgesucht, sondern die von *Statista* mit der höchsten Netto-Reichweite im Juli 2016 ausgezeichneten. Die Verweildauer bei dem Test war deutlich höher als normalerweise, nämlich 5 Minuten lang (Rentz 2016b).

Dabei kam heraus, dass von den 100 Seiten 72 Fake-News angezeigt haben (Rentz 2016b). Ein positives Beispiel dagegen ist *n24.de*, auf der keine falsche Anzeige gefunden werden konnte. Den traurigen Gegenpool dazu bildet *news.de* (Rentz 2016b).

Die meisten der Anzeigen kamen von den Werbenetzwerken *Twiago* (27 Fälle) und *Ligatus* (19 Fälle), aber auch von *Google Ads* und *Plista* (Rentz 2016b). Meistens erreichte man bei einem Klick nicht die Hauptdomain, sondern musste einen Umweg über mehrere Subdomains gehen (Rentz 2016b).

Die *Gruner+Jahr* Tochter *Ligatus* äußerte sich dazu in einer Stellungnahme: „Um es noch einmal deutlich zu machen: Als technischer Dienstleister für Webekunden liefert *Ligatus* monatlich mehrere tausend Kampagnen über sein internationales Netzwerk aus. Seine Teams arbeiten kontinuierlich daran, Kampagnen zu unterbinden, die nicht den notwendigen Standards entsprechen. Aber: *Ligatus* ist grundsätzlich nicht für die Inhalte der Kampagne verantwortlich. Diese Verantwortung obliegt dem Werbekunden." (Rentz 2016b). Auch Johannes Vogel, Digital-Chef der *Süddeutschen Zeitung*, war zu einer Stellungnahme bereit. Man gebe sich Mühe, solche Anzeigen auszumerzen und setze die entsprechenden Seiten auf die Blacklist, dennoch ließe sich so etwas nicht zu 100% vermeiden (Rentz 2016b).

Die Ursache für dieses Problem liegt laut *Testbereicht.de* beim programmatischen Einkauf von Werbung (Rentz 2016b). Auch die hohe Vernetzung der Werbeplattformen mache eine Kontrolle nahezu unmöglich, die Betreiber hätten dabei selbst bereits den Überblick verloren, heißt es in dem Bericht (Rentz 2016b). Das begünstigt natürlich Betrüger und vereinfacht ihnen das Geschäft mit falschen Werbeanzeigen. Auch fehlende Kontrolle und fehlender Kontrollwillen wird den Verlagen vorgeworfen (Rentz 2016b).

Hier muss also ganz klar noch ein Weg und ein Wille gefunden werden, Fake-News zu verhindern. Zu 100% ist das wahrscheinlich gar nicht möglich, da die schiere Masse an Anzeigen von Menschen allein gar nicht mehr überprüft werden kann. Und ob eine künstliche Intelligenz schon bereit ist, wahre Nachrichten von falschen zu unterscheiden scheint in naher Zukunft recht unwahrscheinlich (auch, wenn die Technik da auf einem guten Weg ist). Als Folge der Fake-Nachrichten verliert Werbung natürlich an Glaubwürdigkeit und die Nutzer haben kein Vertrauen mehr. Eine Lösung muss her, sei es erst einmal in Form einer Kennzeichnung oder eines direkten Löschens der Anzeigen.

2.4.5 Die Technik

Weitere Hürden betreffen vor allem die technischen Möglichkeiten.

Zuerst einmal findet man den Nutzer im Moment nicht unbedingt wieder sobald er das Gerät wechselt – also zum Beispiel vom Desktop auf das Smartphone. Das gleiche Problem hat man bei einem Medienwechsel. Zwar können Nutzer generell über die Ad-IDs auf dem Smartphone, Login-Daten oder über Cookies wiedergefunden und identifiziert werden. Allerdings funktioniert eben ein Retargeting geräteübergreifend nicht. So kann es passieren, dass ein und derselbe Nutzer für zwei verschiedene Personen gehalten wird, weil er einmal mit seinem Desktop Werbung sieht und einmal auf dem Smartphone. Das verfälscht einerseits die Ergebnisse und macht eine genaue Ansprache im Moment noch nicht sinnvoll möglich.

Das stört sowohl Publisher als auch Agenturen und Werbungtreibende, weswegen auch daran gearbeitet wird das Problem zu beheben. Alles natürlich ohne die Datenschutzrichtlinien zu verletzen.

Des Weiteren fehlt ein Rückkanal, mit dem die Reaktionen der Nutzer gemessen werden können. Das System (und der Werbungtreibende) kann somit schlecht lernen, ob die Kampagne gut ankommt oder nicht. Dieser Punkt ist natürlich vor allem im Hinblick auf Programmatic Creation relevant. Aber auch schon beim All-Media-Buying wird es interessant. Natürlich können Clickzahlen und Webseitenbesuche gemessen werden, das wird in Zukunft aber nicht mehr reichen um eine effektive programmatische Kampagne aufzusetzen. Je mehr

Reaktionen man einfangen kann, desto besser und relevanter kann Werbung werden – weil sie dem Nutzer wirklich das zeigt, was ihn interessiert, anspricht und gefällt.

Auch ein technischer Standard was die Formate angeht ist noch nicht geschaffen. Allein bei Display-Werbung kann es vorkommen, dass man dem einen Publisher ein JPG schicken muss, während der andere ein PNG haben möchte. Und da ist die Digitalbranche nicht die einzige. Auch das muss erst einmal unter einen Hut gebracht werden.

Damit einher geht auch eine Umstellung: bisher werden die meisten Werbemittel nicht digital produziert. Das wird sich ändern müssen, wenn Programmatic sich etabliert. Sonst kann der Spot oder das Banner nicht mehr ausgespielt werden. Eigentlich dürfte das kein Problem darstellen, aber trotzdem muss dieser Aspekt bedacht werden.

Hinzu kommt, dass das notwendige Inventar noch nicht vorhanden ist. Im Moment kann man gerade bei den klassischen Medien nur einen Bruchteil digital handeln, weil vieles noch nicht digital ausspielbar ist. Somit müssen Sender und andere Publisher erst einmal ihre Werbeplätze so digitalisieren, dass eine SSP und ein Adserver angeschlossen werden können und die Werbung tatsächlich programmatisch gehandelt werden kann.

2.4.6 Die Daten & der Datenschutz

Und dann kommt man zu dem Punkt Daten. Sie sind ein viel diskutiertes Thema, wenn es um Programmatic Advertising geht. Ein großes Problem dabei ist, dass im Moment noch gar nicht genügend Daten vorhanden sind. Eine gute DMP braucht erst einmal ein paar Monate, bis sie eine sinnvolle und qualitativ hochwertige Menge an verwertbaren Daten zusammen hat, mit denen man arbeiten kann. Da weder Publisher noch Werbungtreibende dieses Thema schon lange genug auf dem Schirm haben und auch große Unsicherheit herrscht, mangelt es in dieser Hinsicht noch an Material.

Und zuerst müssen sich Publisher auch Gedanken darüber machen, wie sie überhaupt an die Daten kommen. Radio- oder TV-Sender wissen so gut wie nichts über ihre Nutzer. Sie haben vielleicht ein paar Daten aus Gewinnspielen oder App-Nutzung, aber das deckt nur einen Bruchteil ab. Und dort, wo sie genügend Daten bekommen, fehlt die Reichweite: Smart TVs und Webradio. Nur ein kleiner Teil der Bevölkerung – im Vergleich zur klassischen Nutzung – verwendet diese Technologien. Und es wird auch noch ein paar Jahre dauern, bis sich beides so weit etabliert hat, dass man von einer relevanten Größe sprechen kann. Da so viel Zeit aber nicht bleibt, muss hier nach einer Lösung gesucht werden.

Hinzu kommt, dass die Qualität der Daten aktuell noch nicht die beste ist. Will man sich nicht alleine auf die großen Player wie *Facebook* und *Google* verlassen, stößt man sehr schnell an eine Grenze. Teilweise kommt es sogar bei der Bestimmung des Geschlechts zu Schwierigkeiten (Ansorge 2016). Denn was bringt ein Targeting, wenn nur eine 50%ige Chance besteht, dass der Nutzer vor der Werbung das eingestellte Geschlecht hat?

Kommen wir nun zur letzten und doch mit der größten Hürde für Programmatic Advertising, dem Datenschutz.

Keiner traut sich so richtig an das Thema heran, alle fürchten Klagen und Kritik. Deutschland ist hier ein Sonderfall, da es zu den Ländern mit den strengsten Datenschutzrichtlinien zählt.

Vielen stellt sich nun die Frage, ob mit jedem Schritt, den man im Programmatic Advertising macht, auch ein Anwalt an der Seite stehen muss.

Welche Daten dürfen nun verwendet werden und welche nicht? Wann muss man Daten anonymisieren und pseudonymisieren? Was ist überhaupt der Unterschied?

Klar ist, dass man bei der Erhebung von personenbezogenen Daten die vorherige Einwilligung des Nutzers braucht (Bundesverband Digitale Wirtschaft e.V. 2016d, 56). Will man die gleichen Daten allerdings nicht-personenbezogen – also anonym – verwenden, befindet man sich sofort in einer rechtlichen Grauzone, in der alles und nichts erlaubt scheint.

Vor diesem Problem sehen sich auch die Gesetzgeber, weswegen sie mit verschiedenen Gesetzen und Verordnungen versuchen den Raum zu regulieren.

Dabei zu beachten sind vor allem das *Telemediengesetz*, das *Bundesdatenschutzgesetz* und die *EU-Datenschutz-Grundverordnung*.

Laut dem *Telemediengesetz* §15 dürfen nur solche Daten erhoben werden, die den Nutzer identifizieren, Beginn, Ende und Umfang der Nutzung angeben und die Auskunft über die genutzten Medien geben (dejure.org 2016). Diese Nutzungsdaten dürfen auch zusammengeführt werden, wenn sie der Abrechnung dienen. Und werden die Daten pseudonymisiert und in Nutzerprofile gegossen dürfen sie – nach Einwilligung des Nutzers – auch zu Zwecken der Marktforschung, Werbung oder Gestaltung der Medien eingesetzt werden (dejure.org 2016). Allerdings muss der Nutzer dem jederzeit widersprechen können.

Weitergegeben werden dürfen die Daten laut dem *Telemediengesetz* nur zum Zweck der Abrechnung. Und auch dann darf Länge, Häufigkeit und Art der Nutzung nicht erkennbar sein (dejure.org 2016).

Bedeutet für Werbungtreibende: Ja, Daten dürfen verwendet werden für Werbung – das ist die gute Nachricht. Allerdings nur nach Einwilligung des Nutzers. Und gespeichert werden dürfen sie auch nicht, solange sie nicht zur Abrechnung benutzt werden.

Dazu gab es im Oktober 2016 ein Urteil des *EuGH* bezüglich IP-Adressen. Gegen die Speicherung geklagt hatte ein Abgeordneter der *Piraten*-Partei, Patrick Breyer. Er meinte, dass IP-Adressen durchaus zurückverfolgt werden können und es dadurch zu einer Identifizierung von Personen kommen kann. Es wären also personenbezogene Daten, die in Deutschland unter das *Telemediengesetz* fallen und somit nicht gespeichert werden dürfen (was allerdings gängige Praxis ist). Seiner Meinung nach besteht kein berechtigtes Interesse daran, diese Daten zu speichern, denn auch ohne sie könnte ein sicheres Betreiben der Seite gewährleistet werden (Schwartz 2016).

Der *EuGH* hat dem jetzt zumindest in so weit zugestimmt, dass er IP-Adressen als personenbezogen ansieht. Allerdings steht in dem Urteil auch, dass eine Speicherung zulässig ist, wenn der Betreiber ein berechtigtes Interesse daran hat (Schwartz 2016). Der *BGH* in Karlsruhe muss nun entscheiden, wie er das *Telemediengesetz* auslegt.

Denn obwohl Breyer die Bundesrepublik Deutschland verklagt hat, würde das Urteil für alle Webseitenbetreiber hier gelten. Das könnte eine große Umstellung bedeuten, die bestimmt nicht allen gefällt.

Als nächstes ist das *Bundesdatenschutzgesetz* (*BDSG*) zu beachten. Es soll vor allem den Nutzer schützen und schränkt die Möglichkeiten der Werbungtreibenden ein. Ganz nach dem Motto „weniger ist mehr" sollen nur die notwendigsten Daten erhoben werden, sodass niemand in seinem Persönlichkeitsrecht beeinträchtigt wird (Bundesministerium der Justiz und für Verbraucherschutz und juris GmbH 2016a). Auch Systeme in Unternehmen sollen so programmiert werden, dass sie nur die absolut erforderlichen Daten speichern und verarbeiten (Bauer 2015). Egal ob bei der Datenerhebung, -nutzung oder -verarbeitung: das Stichwort sollte immer Datensparsamkeit oder Datenvermeidung lauten. Die Betonung liegt hier auf „sollte". Die Bundesregierung hat dies als Ziel formuliert, rechtlich zwingend ist es nicht und liegt mehr oder weniger im eigenen Ermessen des Werbungtreibenden. Andererseits ist es aber durchaus verpflichtend, Daten wieder zu löschen, wenn sie nicht mehr gebraucht werden. Und es dürfen nur solche Daten verarbeitet werden, die auch benötigt werden (Bauer 2015). Passiert dies nicht, muss mit Sanktionen gerechnet werden.

Das bedeutet, dass Unternehmen sehr genau wissen müssen, welche Daten für sie von Relevanz sein könnten. Einfach mal alles zu sammeln, was man in die Finger bekommt, ist nicht sehr ratsam.

Und hier kommen wir auch schon zu den Punkten der Anonymisierung und Pseudonymisierung. Sie bilden quasi eine Ausprägung der oben genannten Grundsätze (Bauer 2015).

Anonymisierung ist nach §3 Abs. 6 *BDSG* die derartige Veränderung von Daten einer Einzelperson, dass diese Person nicht mehr (oder nur noch mit allergrößtem Aufwand) identifiziert werden kann (Bauer 2015). Es besteht also kein Bezug mehr zur Person und nachher erhobene Daten können ihr auch nicht mehr zugeordnet werden.

Pesudonymisierung hingegen liegt dann vor, wenn zum Beispiel der Name (oder andere Kennzeichen mit denen eine Person identifiziert werden kann) durch ein Kennzeichen ersetzt wird. Auch damit ist die Bestimmung des Nutzers ausgeschlossen (Bauer 2015). Sie ist ein Mittelweg zwischen der Anonymisierung und dem Fehlen eines Verschleiers. Es besteht ein gewisser Schutz der persönlichen Daten, andererseits ist es durchaus noch möglich jemanden zu identifizieren (Bauer 2015).

Doch wann soll nun anonymisiert oder pseudonymisiert werden? Dieses Vorgehen ist nur notwendig, wenn der Aufwand der Umsetzung im richtigen Verhältnis zum Zweck des

Schutzes einer Person steht. Ist das Verfahren also zu teuer, können Werbungtreibende es umgehen (Bauer 2015).

Hier sind dann Datenschutzbeauftragte gefordert, die diese Fälle bewerten müssen.

Werden Unternehmen beauftragt Daten zu sammeln, ist der Auftraggeber zuständig dafür, dass die Gesetze eingehalten werden (Bundesministerium der Justiz und für Verbraucherschutz und juris GmbH 2016b). Besonders zu beachten ist auch, dass die Technologien ebenfalls datenschutzkonform zu sein haben. Es darf keine Möglichkeit vorhanden sein, den Datenschutz zu umgehen.

Laut §14 ist es natürlich nur zulässig die Daten für den angegebenen Zweck zu verwenden und zu speichern. Der Nutzer muss darüber informiert werden und dem Verfahren aktiv zustimmen (Bundesministerium der Justiz und für Verbraucherschutz und juris GmbH 2016c).

Diesem Konzept könnte es jedoch bald zumindest ein bisschen an den Kragen gehen. Ende 2016 wurde das Strategiepapier „Digitale Agenda 2017+" veröffentlicht, in dem es vor allem um die digitale Strategie der Bundesregierung geht (Brien 2016). Laut diesem Papier soll sich die Strategie weg von der Datensparsamkeit hin zu einem „kreativen und sicheren Datenreichtum" entwickeln (Brien 2016).

Auslöser für diese Überlegungen war wohl die Befürchtung, dass deutsche Unternehmen im internationalen Wettbewerb zurückfallen könnten, wenn die Richtlinien weiter so streng bleiben. Trotzdem soll nicht von der Anonymisierung und Pseudonymisierung abgewichen werden, was Datenschützer jedoch nur bedingt besänftigt (Brien 2016). Bis das Strategiepapier umgesetzt wird, kann es allerdings noch ein bisschen dauern.

Ab Mai 2018 tritt nun allerdings schon einmal die neue *EU-Datenschutz-Grundverordnung* in Kraft. Im April 2016 verabschiedet, macht sie viele Teile des *BDSG* überflüssig. Die Änderungen sollen in einer Neuauflage, dem *Allgemeinen Bundesdatenschutzgesetz*, umgesetzt werden (Datenschutz- und Mittelstandsberatung 2016).

Zuerst einmal bildet das neue Gesetz einen Standard für Europa. Bisher hat jeder sein eigenes Süppchen gekocht, nun müssen sich alle an die gleichen Regeln halten. Im Übrigen auch US-amerikanische Unternehmen. Sie können sich nicht mehr mit der Ausrede „in den USA ist das erlaubt" aus der Affäre ziehen (Ackermann 2016).

Was sich nicht ändert ist das *Verbotsgesetz mit Erlaubnisvorbehalt*. Das heißt, auch weiterhin braucht das Unternehmen die Einwilligung des Nutzers um seine Daten zu speichern. Doch hier geht es auch schon los: Die Einwilligung muss unmissverständlich sein und mit einer Erklärung oder deutlichen Handlung bestätigt werden. Außerdem muss sie auch im Nachhinein nachgewiesen werden können (Dr. Datenschutz 2016a). Das bedeutet eine deutliche Umstellung für Unternehmen.

Des Weiteren muss in jedem Betrieb, dessen Geschäftsmodell auf der Verarbeitung von Daten beruht, ein Datenschutzbeauftragter beschäftigt werden (Dr. Datenschutz 2016a).

Innerhalb eines Konzerns oder einer Unternehmensgruppe soll der Transfer der Daten jedoch erleichtert werden. Bedingung ist aber natürlich, dass der Datenschutz nicht darunter leidet (Dr. Datenschutz 2016a).

Wichtig ist auch das „Recht auf Vergessenwerden". Verbraucher können dies einfordern, also die Löschung ihrer Daten veranlassen. Unternehmen müssen dem nachkommen, können die Daten aber ansonsten speichern - wenn dies zulässig ist (Dr. Datenschutz 2016a).

Auch auf höhere Bußgelder müssen Unternehmen sich einstellen: Bis zu 4% des weltweiten Jahresumsatz kann an Strafe aufgerufen werden, wenn gegen die Datenschutzrichtlinien verstoßen wird (Dr. Datenschutz 2016a).

Bei der Beauftragung von anderen Unternehmen zur Sammlung von Daten gibt es auch eine kleine Neuerung: es darf auch eine Datenverarbeitung außerhalb der EU stattfinden (Dr. Datenschutz 2016b). Weiterhin gilt jedoch, dass der Beauftragte nur ausgewählt werden darf, wenn er die technischen und organisatorischen Voraussetzungen erfüllt. Der Vertrag dazu muss nun auch in elektronischer Form vorliegen, nicht mehr nur in schriftlicher Form (Dr. Datenschutz 2016b). Bei der Haftung widerspricht die EU-Verordnung wieder dem *BDSG*. Nun haften sowohl der Auftraggeber als auch der für die Verarbeitung der Daten Verantwortliche (Dr. Datenschutz 2016b).

Verschärft wird auch die Pflicht Datenpannen – so genannte Data Breaches – zu melden (Dr. Datenschutz 2016c). Wenn personenbezogene Daten Unbefugten zugänglich werden, muss die zuständige Aufsichtsbehörde informiert werden. Bisher war das nur notwendig, wenn es sich um Risikodaten handelte oder eine schwerwiegende Beeinträchtigung des Betroffenen vorliegt (Dr. Datenschutz 2016c). Nach der Meldung muss eine Risikoabwägung erfolgen, die dann in einer Benachrichtigung an den Betroffenen mündet (Dr. Datenschutz 2016c).

Verarbeitet man besonders sensible Daten, ist eine Datenschutz-Folgeabschätzung durchzuführen (Dr. Datenschutz 2016d). Es müssen die Risiken und Folgen für den Betroffenen geprüft werden, besonders dann, wenn eine neue Art der Daten-Verarbeitung verwendet wird (Dr. Datenschutz 2016d). Dazu gehören auch neue Technologien wie zum Beispiel Programmatic Advertising.

Ein weiterer wichtiger Punkt, der für Unternehmen mit einem deutlichen Mehraufwand verbunden sein wird, ist die Informationspflicht. Derjenige, dessen Daten erhoben werden, muss darüber informiert werden „wer was wann bei welcher Gelegenheit über sie weiß" (Dr. Datenschutz 2016f). Zwar existiert diese Informationspflicht bereits, nun wird sie jedoch noch einmal deutlich verschärft. So müssen folgende Punkte in schriftlicher oder elektronischer Form dem Betroffenen zugänglich gemacht werden: Identität des Verantwortlichen, Kontaktdaten des Datenschutzbeauftragten, Verarbeitungszwecke und Rechtsgrundlage, berechtigtes Interesse, Empfänger, Übermittlung an Drittstaaten, Dauer der Speicherung, Rechte der Betroffenen, Widerrufbarkeit von Einwilligungen, Beschwerderecht der Aufsichtsbehörde, Verpflichtung zur Bereitstellung personenbezogener Daten und automatisierte Entscheidungsfindung und Profiling (Dr. Datenschutz 2016f).

Eine letzte Pflicht für Unternehmen besteht in der technischen Umsetzung (Dr. Datenschutz 2016e). Sie sind dafür verantwortlich „geeignete technische und organisatorische Maßnahmen zu installieren" (Dr. Datenschutz 2016e). Das beinhaltet zum Beispiel eine schnelle Pseudonymisierung der Daten und eine größere Transparenz der Funktionen.

Diese Gesetze machen es für Programmatic Advertising zwar nicht unmöglich sich durchzusetzen. Allerdings darf man das Thema auch nicht auf die leichte Schulter nehmen. Gerade mit der neuen Datenschutz-Grundverordnung werden Unternehmen in die Pflicht genommen einige Voraussetzungen und Abläufe zu integrieren, die Zeit und Ressourcen für sich beanspruchen.

2.5   Wege der Umsetzung

Nach diesen ganzen Hürden könnte ein Argument jetzt natürlich sein: warum sollte man einer der Pioniere in Deutschland sein und schon mit Programmatic Advertising loslegen? Warum lässt man andere nicht erst einmal ausprobieren und Fehler machen und wenn der Königsweg gefunden ist, steigt man auch ein, denn die Nachteile überwiegen im Moment zu sehr.
Das ist vielleicht nicht unbedingt ratsam. Denn neben vielen Vorteilen, die Programmatic bietet und die nachher noch diskutiert werden, gibt es ein Argument, das nicht zu verachten ist: Den einen Königsweg, den alle anwenden können, wird es nicht geben.
Jedes Unternehmen muss seinen eigenen, für ihn am praktikabelsten Weg finden. Und hier darf man nicht nur unterscheiden zwischen Agentur, Publisher und Werbungtreibenden. Es bringt also nichts, erst einmal die anderen machen zu lassen und danach vielleicht einen Weg zu kopieren. Denn das wird wahrscheinlich nicht genau der Weg sein, den das eigene Unternehmen braucht.

Große Mediaagenturen wie die *group m* haben bereits angefangen, programmatisch zu handeln. Und zwar nicht nur im Display-Bereich. Auch TV, Out of Home und nicht zu vergessen Radio machen hier schon erste programmatische Gehversuche.
Da bleibt es bei anderen Mediaagenturen natürlich nicht aus, sich auch mit dem Thema auseinanderzusetzen. Klar ist, dass man als Mittelständler nicht so viele finanzielle und personelle Ressourcen hat wie ein großes Netzwerk. Trotzdem kann man Kooperationen eingehen, Mitarbeiter schulen und sich schon einmal Wissen aneignen um vorbereitet zu sein.
Wichtig ist, nicht den Anschluss zu verlieren. Auch wenn man nicht die Möglichkeit hat alles inhouse zu machen, so kann man doch Kooperationen eingehen und sich an Adserver, DSPs und SSPs anschließen. Zusätzlich wird die Beratungsleistung einer Agentur immer wichtiger. Technisch könnte der Kunde die Medialeistungen selbst einbuchen. Was Strategie

und Planung angeht, sitzt das Know-How doch immer eher noch bei der Agentur. Dieser USP muss ausgearbeitet und immer weiter verbessert werden.

Als Kreationsagentur sollte man auch nicht den Fehler machen und sich nicht damit beschäftigen. Wie oben beschrieben ist eines der Ziele von Programmatic Advertising, mithilfe von Programmatic Creation den Kunden noch individueller und genauer anzusprechen. Doch wie schafft man das? Es gibt 80 Millionen Menschen in Deutschland. Jeder nutzt am Tag mittlerweile circa fünf Stunden das Internet (Bundesverband Digitale Wirtschaft e.V. 2016b). Davon entfällt natürlich nicht alles auf den Desktop, sondern auch Mobile- und Tablet-Nutzung und Social Media (Bundesverband Digitale Wirtschaft e.V. 2016b). Nimmt man noch andere Aktivitäten wie Fernsehen, Radio oder Musik hören, Lesen und Telefonieren hinzu, verbringen Menschen inzwischen mehr als die Hälfte des Tages in Verbindung mit irgendwelchen Medien.

Also haben Kreative nicht nur die Herausforderung, den richtigen Konsumenten zum richtigen Zeitpunkt anzusprechen, sondern im Idealfall soll er über die verwendeten Medien je nach Medium auch noch anders angesprochen werden, sodass er am Ende mehrere Kontakte über mehrere Medien mit einer Marke hatte und diese verwendet. Somit werden auch reine Kreativagenturen automatisch immer mehr in den Strudel des Programmatic Advertising hineingezogen. Es ist eine andere Art von Ansprache notwendig. Gleichzeitig eröffnen sich auch neue Möglichkeiten kreative Wege zu gehen, die man vorher noch nicht beschreiten konnte.

Das Thema Programmatic Creativity wird kommen, wie vorher schon bei den Entwicklungsprognosen beschrieben. Besser also, sich eher heute als morgen damit auseinanderzusetzen.

Müßig zu wiederholen, warum sich eine Full-Service-Agentur mit dem Thema beschäftigen sollte. Diese haben sogar die Möglichkeit, durch ihre ganzheitliche Betreuung einen Wettbewerbsvorteil zu erzielen. In Zukunft soll alles vernetzt werden. Da ist es nur eine logische Konsequenz, auch die dahinter steckende Arbeit zu vernetzen.

Agenturen, die sich nur auf ein Medium spezialisiert haben, haben hier mehrere Möglichkeiten: sie können entweder ihr Portfolio auffächern und andere Medien mit dazu nehmen. Oder sie schließen Kooperationen oder Verbünde mit anderen Agenturen, die sich auf andere Medien fokussieren.

Auch hier gibt es kein richtig oder falsch. Beides hat seine Vor- und Nachteile. Es ist eine strategische Entscheidung, ob man unabhängig von anderen (genauer gesagt: von der Konkurrenz) bleiben möchte und somit aber viel Geld, Zeit und Personal investieren muss oder ob man sich mit anderen Playern zusammenschließen kann und möchte. Auch hier kann es passieren, dass man einiges an Budget in die Hände nehmen muss und auch Kompromisse eingeht, die vielleicht Bauchschmerzen bereiten können. Vielleicht riskiert man aber mit dieser Strategie weniger aus dem Wettbewerb zu fallen. Natürlich ist es einfacher für Werbungtreibende, mit nur einer Agentur zu kommunizieren. Das hat weniger Konfliktpotential und die Kommunikation läuft wahrscheinlich einheitlicher ab.

Andererseits darf der Gedanke des Spezialistentums nicht vernachlässigt werden. Oft ist es der Fall, dass mittelständische Agenturen alles anbieten, nichts davon aber richtig gut können. Oder ein Medium richtig gut bedienen können und den Rest einfach so mitlaufen lassen. Das ist ein Eindruck, der sich bei manchen Unternehmen bereits in den Köpfen festgesetzt hat und sie deswegen nicht abgeneigt sind, mit mehreren Partnern gleichzeitig zu arbeiten. Hier steht eine Agentur dann allerdings auch vor der Herausforderung, zu überzeugen. Einen USP sollte es geben, sonst wird man schnell uninteressant.

Publisher stehen vor einer ähnlichen Entscheidung: ein Zusammenschluss mit Publisher anderer Medien macht es dem Kunden oder der Agentur einfacher, nicht aber unbedingt dem Publisher selbst. Oder investiert man in eine eigene Infrastruktur und läuft dann aber Gefahr, nicht mit der Konkurrenz mithalten zu können und aus dem Wettbewerb hinaus geworfen zu werden? Wieder im Hinblick auf die Zukunftsvision eines All-Media-Buyings sollte man sich auf jeden Fall Gedanken machen, ob eine Kooperation vielleicht nicht doch sinnvoll ist. Denn auch hier gibt es ja verschiedene Möglichkeiten.

Einen kompletten Zusammenschluss wird es wohl eher nicht geben, zumindest nicht in den nächsten zwei Jahren. Dazu sind die Medien doch noch zu unterschiedlich und es ist zu viel Politik im Spiel. Ein weiteres Hindernis könnte vor allem das der Monopolstellung sein: gibt es nur noch wenige große Publisher treibt das höchstwahrscheinlich die Preise in die Höhe. Das wiederum macht Werbung aber uninteressanter für Kunden.

Eine andere Möglichkeit wäre die Nutzung einer gemeinsamen SSP, über die Kunden und Agenturen sich die gewünschten Medien zusammen mixen können. Die Frage ist hier die der direkten TKP-Vergleichbarkeit. Natürlich ist allgemein bekannt, dass die TKPs bei TV am höchsten und bei Online meistens am niedrigsten sind. Es trotzdem noch einmal so klar vor Augen geführt zu bekommen ist für den Kunden wunderbar, für Publisher vielleicht aber eher kritisch zu sehen.

Auch bei Werbungtreibenden gibt es ähnliche Möglichkeiten. Grundsätzlich kann man sagen, dass alle Mittelständler vor einer Make-or-Buy-Entscheidung stehen. Es dabei zu belassen wäre allerdings etwas zu einfach.

Es sind drei grobe Wege auszumachen: Alles inhouse erledigen, Outsourcing oder eine hybride Lösung.

Alles im eigenen Unternehmen zu lösen hat den Vorteil, dass man maximale Transparenz und Kontrolle hat. Es gibt keinen Mittelsmann und alle Fäden liegen beim Unternehmen selbst, auch die Kompetenzen der Mitarbeiter (IAB Europe 2015, 6). Die Inhouse-Lösung bietet natürlich die meiste Freiheit und Unabhängigkeit. Man hat die Kontrolle darüber, wie effektiv die Kampagnen laufen und kann die Streuverluste direkt selbst minimieren (Fleischmann 2016). Auch die Messung kann mit eigenen KPIs und deutlich transparenter durchgeführt werden, was im Endeffekt dann den ROI verbessert und Kosten deutlich einfacher kontrollierbar macht (Fleischmann 2016).

Der Nachteil daran ist natürlich, dass man auch keinen Input von außen bekommt. Manchmal kann ein ungetrübter Blick eines Externen neue Wege eröffnen, die Mitarbeiter so gar nicht gesehen hätten. Hinzu kommt, dass man nicht mehr so flexibel ist (IAB Europe 2015, 6). Man muss sich anfangs für einen Weg entscheiden, weil die Ressourcen meistens nicht so unendlich vorhanden sind, dass man zwischendurch noch einmal alles umändern könnte. Außerdem hat man einen langsameren Start (IAB Europe 2015, 6). Kompetenzen müssen erst einmal aufgebaut werden und Abläufe müssen sich festigen. Das frisst anfangs natürlich Zeit. Wenn man damit allerdings früh genug startet, kann man diese Dinge kompensieren.

Nicht zu verachten ist die anfängliche Investition, die getätigt werden muss. Zu Beginn gestaltet sich Programmatic Advertising bei einem reinen Inhouse-Modell sehr teuer. Das kann sich allerdings bei richtigem Einsatz im Laufe der Zeit wieder amortisieren, da Agenturen oder Technikanbieter natürlich nicht umsonst arbeiten und auch ihren Teil vom Kuchen abbekommen wollen.

Kommen wir zum Thema Outsourcing. Hier muss man wieder unterscheiden zwischen den Teilen, die man extern vergeben möchte.

Eine Möglichkeit ist, den Auftrag an eine Agentur und ihren Trading Desk zu vergeben (IAB Europe 2015, 11). Das eignet sich vor allem für Unternehmen, die nicht viel 1st Party Daten haben. Sie können auf die Daten der Agentur zurückgreifen und müssen nicht selbst auf die Suche gehen. Der Vorteil dabei ist, dass man einen schnellen Start und eine leichte Umstellung hat (IAB Europe 2015, 6). Die Ressourcen und Techniken sind bereits vorhanden und müssen nicht erst selbst aufgebaut werden. Auch das Know-How liegt direkt bei der Agentur und wenn man diese bereits kennt und schon mit ihr zusammengearbeitet hat, stehen die Chancen sehr gut eine Strategie entwickelt zu bekommen, die für das Unternehmen passt. Andererseits gibt man auch viel Transparenz und Kontrolle aus der Hand. Woher die Daten kommen und welche genau im Endeffekt genutzt werden und ob die Strategie nicht vielleicht auch für andere Kunden der Agentur verwendet wird, kann man nur sehr schwer herausfinden.

Die nächste Möglichkeit ist, einen unabhängigen Technikanbieter zurate zu ziehen (IAB Europe 2015, 13). Sie sind kleiner als Agenturen und deswegen häufig auch billiger. Das ist natürlich für den Mittelstand ein deutlicher Vorteil. Zusätzlich hat man mehr Transparenz und Kontrolle als beim Agenturmodell, da nur die Technik zur Verfügung gestellt wird. Nicht zu vergessen dabei ist allerdings, dass man auch keinen Lerneffekt hat. Beim Agenturmodell können die eigenen Mitarbeiter von den Beratern viel lernen. Das muss nicht einmal in Form von konkreten Schulungen passieren, sondern ergibt sich aus der alltäglichen Zusammenarbeit. Diesen Effekt hat man bei reinen Technikanbietern nicht. Man erhält nur technisches Know-How und kein praktisches oder strategisches.

Die letzte Möglichkeit ist natürlich eine Mischung aus beiden Systemen, ein so genannter Hybrid (IAB Europe 2015, 15). Man kauft sich nur die Fähigkeiten oder Techniken ein, die man nicht inhouse abbilden möchte oder kann. Das kann zum Beispiel die Kreation von Kampagnen sein oder die Media-Planung und der Einkauf. Oder man mietet sich nur einen Adserver oder nur eine DSP.

Beim Thema Datenmanagement kann die Überlegung getroffen werden sich eine eigene DMP aufzubauen. Daten sind in jedem Unternehmen vorhanden, man muss sie nur noch nutzen. Sammelt und verbindet man seine eigenen Daten, ist man natürlich wieder unabhängig von anderen Anbietern und kann sie so kombinieren, wie man es gerne hätte. Es gibt zwar auch die Möglichkeit Daten zu kaufen. Das wird allerdings auf lange Sicht gesehen teurer sein und vielleicht erhält man auch nicht genau die Kombination von Daten, die man braucht (diffferent 2015, 29). Eine praktikable und auch viel verwendete Lösung ist mal wieder die goldene Mitte: Viele Daten werden selbst erhoben und man kauft sich 2nd und 3rd Party Daten hinzu je nach aktueller Kampagne und aktuellem Bedarf.

Die Vorteile einer eigenen DMP liegen wieder in der Kontrolle und Transparenz. Allerdings braucht man auch das Know-How um Daten sinnvoll zu sammeln und zu matchen. Das ist ein ständiger Prozess, der immer mehr an Bedeutung gewinnen wird und deswegen nicht vernachlässigt werden sollte.

Es läuft also bei allen Bestandteilen immer auf eine Abwägung darüber hinaus, wie viel Geld, Zeit und Kontrolle man abgeben möchte. Wie schon erwähnt gibt es keinen Königsweg, den alle einschlagen sollten. Manche Unternehmen werden in bestimmten Bereichen vielleicht schon die notwendigen Kompetenzen haben und sich den Rest nur noch dazu kaufen. Oder ihn eigens aufbauen. Diese Entscheidung muss nach reiflicher Überlegung im Endeffekt selbst getroffen werden.

Im Folgenden werden die Entscheidungswege noch einmal grafisch dargestellt. Zuerst der Bereich „Technik", dann der Bereich „Daten" und zum Schluss die praktische Umsetzung. Sie sind essentiell für die Umsetzung von Programmatic Advertising und müssen auf jeden Fall genauer betrachtet werden.

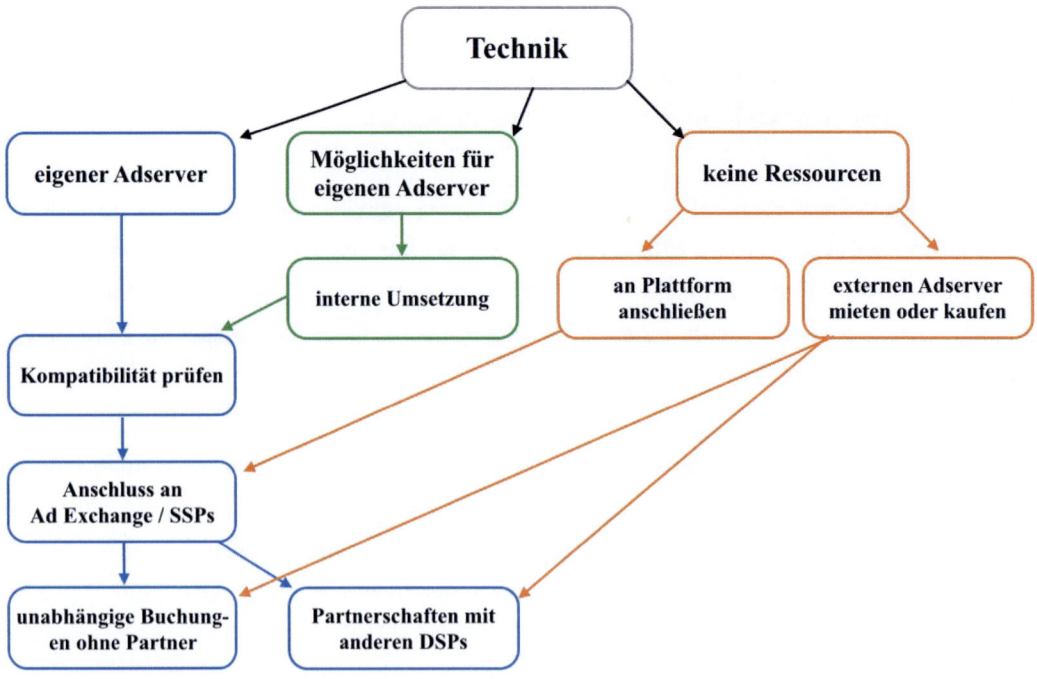

Abbildung 14: Wege der technischen Umsetzung (eigene Darstellung)

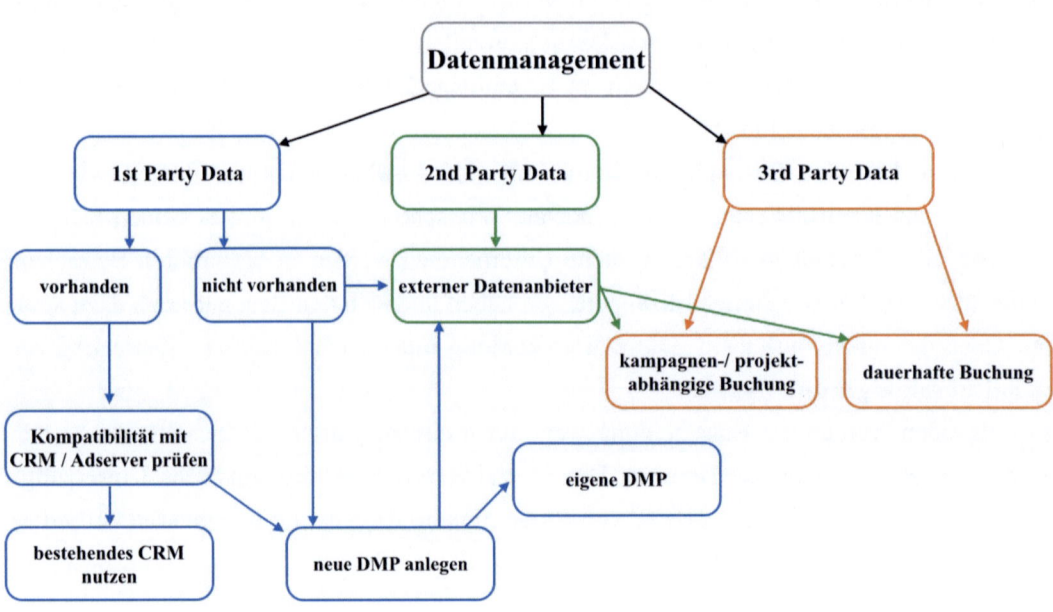

Abbildung 15: Datenmanagement (eigene Darstellung)

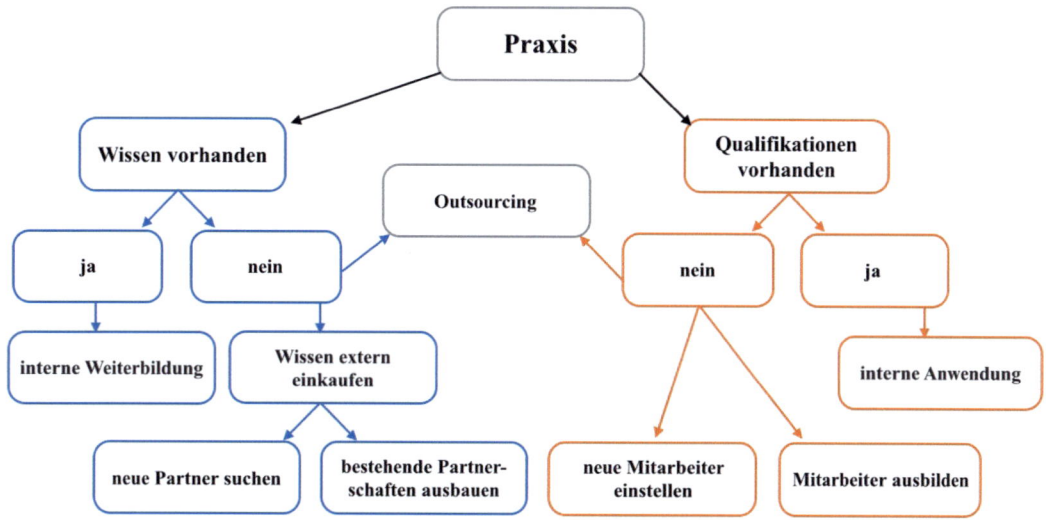

Abbildung 16: Praktische Umsetzung (eigene Darstellung)

Alle diese Bereiche müssen bedacht und in die Entscheidung mit einbezogen werden.

Die Wahrscheinlichkeit, dass man eine rein interne oder rein externe Fahrspur für sich findet, ist sehr gering. Auch hier wird wieder deutlich, dass Partnerschaften eine effiziente und praktikable Lösung sein können. Höchstwahrscheinlich spart man durch den Austausch von Wissen Zeit und Geld.

2.6   Vorurteile & Ängste der Werbungtreibenden

Doch nicht nur die Medien haben einiges aufzuholen. Werbungtreibende kannten bis vor Kurzem nur Vorurteile und Halbwahrheiten, die es Programmatic erschweren werden, sich schnell in den Köpfen von Marketingentscheidern festzusetzen.

Allen voran geht das Argument: „Mit Programmatic werden nur Restposten vermarktet, die meiner Kampagne im Endeffekt nichts bringen". Andersherum hatten Publisher genauso die Angst, nichts mehr für ihr Inventar zu bekommen.

Dem ist aber nicht so. Zukünftig soll natürlich sämtliches Inventar über Programmatic buchbar sein. Im Moment stehen meistens nur ausgewählte Plätze zur Verfügung, die aber auch nur von ausgewählten Agenturen gebucht werden können. Gerade anfangs kann man davon ausgehen, dass eben nicht nur die Restposten vermarktet werden. Publisher wollen ja gerade beweisen, dass Programmatic funktioniert, und somit das System etablieren. Da wäre es sinnlos, die schlechten Sendezeiten anzubieten. Natürlich auch nicht nur die Premium-Plätze, aber die hat man bei klassischer Mediaplanung ja auch nicht ausschließlich. Die Mischung macht es eben.

Damit einher geht die Befürchtung, dass die Sichtbarkeit der Kampagnen bei den spitzen Zielgruppen einbricht. Spitz bedeutet in diesem Zusammenhang, dass so viele Kriterien in eine Zielgruppe gepackt werden, dass das Potential am Ende sehr speziell, genau und klein ist. Das hängt natürlich immer von der Zielsetzung und vor allem dem Targeting ab. Natürlich sollten die Zielgruppen nicht so spitz gesetzt werden, dass keine Reichweite mehr zur Verfügung stellt. Doch mit den richtigen Definitionen haben Werbungtreibende es selbst in der Hand diesem Vorurteil entgegen zu wirken.

In die gleiche Richtung geht hierbei das Vorurteil, nur den Abverkauf mit Programmatic zu fördern und keine Kampagnen mehr schalten zu können, die auf die Marke einzahlen. Auch das ist so nicht richtig. Mit Programmatic Advertising kann man mehr Leute auf eine effizientere Art und Weise erreichen (Turn 2015, 5f.). Durch das Erschließen neuer Kanäle (wie zum Beispiel Smart Watches) kann es auch zum Erschließen neuer Zielgruppen kommen. Die Tagesbegleitung des Nutzers wird genauer und die Kontexte, in denen sie erreicht werden, werden besser. Das steigert sowohl das Engagement mit der Marke als auch auf Dauer die Loyalität (Turn 2015, 5f.). Der Nutzer nimmt die Marke aufmerksamer war, was definitiv auch auf den Wert der Marken einzahlt.

Die zweite Angst, die Unternehmen haben, ist die des Geldes. Viele befürchten, dass mehr Budget verbrannt wird als bei einer klassischen Planung.

Kurzfristig gesehen mag es vielleicht so sein. Langfristig jedoch wird Programmatic die Mediaplanung viel effektiver machen. Durch eine genauere Ansprache der eigenen Zielgruppe und genauere Überwachung sowie durch die ständigen Anpassungsmöglichkeiten wird das Budget viel gezielter eingesetzt und es kommt zu weniger Streuverlusten (F.K., Interview, Technologieanbieter, Skype, 08.09.2016, siehe Anhang).

Bei der klassischen Planung hat man aktuell nur eine Möglichkeit: Man muss von vornherein genau und richtig planen um die Zielgruppe am besten zu erreichen. Die Ergebnisse stehen quasi schon vorher fest und die Kampagne läuft dann einfach durch ohne, dass man sie während der Laufzeit verändern kann. Mit Programmatic wird das eben nicht mehr der Fall sein. Merkt man nach ein paar Tagen, dass der gebuchte Mediamix nicht so performt, wie man das möchte, kann man das Budget ganz einfach so verteilen, dass die Ziele wieder erfüllt werden.

Auch die vielen neuen Marktteilnehmer verunsichern die Unternehmen: neben Agenturen und Publishern gibt es Trade Desks, DSPs, SSPs, Adserver und Datenmanagement. Wird es nicht viel teurer werden, wenn mehr Leute einen Teil vom Kuchen abbekommen wollen? Rein aus Nächstenliebe wird ja keiner sein Know-how und seine Technologien zur Verfügung stellen.

Dieses Thema wurde in den möglichen Wegen der Umsetzung bereits diskutiert. Hier sei noch erwähnt, dass man natürlich nicht mit jedem neuen Player zusammen arbeiten muss. Was Sinn macht und was man im Endeffekt braucht, muss jeder Werbungtreibende für sich entscheiden.

Ein weiteres großes Thema ist das der Transparenz. Sowohl im ganzen Programmatic-Prozess als auch in der Kommunikation von Markt zu Werbungtreibenden fehlt vielen der gewisse Durchblick. Außerdem sind viele Unternehmen unzufrieden mit der Aussage, wer im Endeffekt ihre Werbung zu sehen bekommt. Teilweise, weil es technisch noch nicht so auslesbar ist, wie es gerne versprochen wird. Und teilweise, weil sich Agenturen und Vermarkter auch noch nicht so richtig in die Karten schauen lassen wollen. Es besteht die Angst, dass Betrügern Tür und Tor mit dem neuen System geöffnet sind, die den Unternehmen das Geld aus der Tasche ziehen.

Deswegen wird es im nächsten Jahr umso wichtiger sein, der Viewability (also der Sichtbarkeit) einen Messstandard zu geben (Mattgey 2016). Werbungtreibende müssen anspruchsvoller sein und darauf drängen solche Standards zu etablieren.

Damit einher geht das Thema der Brand Safety. Viele haben das Gefühl keinen Einfluss mehr darauf zu haben, wo genau ihre Werbung geschaltet wird. Und der Überblick fehlt ebenso. Brand Safety bedeutet, dass Werbung nur in Umfeldern geschaltet wird, die nichts mit illegalen Aktivitäten, Drogen, Pornografie oder anderen unerwünschten Themen zu tun haben. Natürlich muss darauf geachtet werden, denn immerhin 9,9% der Impressions haben ein signifikantes Risiko in unerwünschten Umfeldern geschaltet zu werden (Nötting 2016, 20).

Auch Ad Fraud steht als Thema groß im Raum. Dabei geht es um die Frage, ob wirklich ein Mensch, also ein für den Werbungtreibenden relevanter Nutzer, die Anzeige gesehen und geklickt hat oder ob es eine Maschine, ein Bot, war. Das passiert bei 5,9% der Impressions (Nötting 2016, 20). Die meisten Systeme unterscheiden hierbei zwischen einem eindeutigen Ad Fraud und einem verdächtigen. Eindeutig ist die fehlerhafte Impression dann, wenn sie eindeutig von einem Bot produziert wurde. Verdächtig hingegen sind Impressions, bei denen eine gewisse Wahrscheinlichkeit besteht, dass die Impression nicht-menschlichen Ursprungs ist. Je nachdem, wie sensibel das System eingestellt ist, sind die Prozentzahlen logischerweise höher oder niedriger.

Doch es ist wie immer auch eine gute Portion Übertreibung dabei, wenn man von einem richtigen und unlösbaren Problem spricht. Es ist durchaus möglich, präventive Maßnahmen zu treffen um das Problem zu umgehen.

Einmal ist natürlich eine permanente Kontrolle der Faktoren unerlässlich. Und nicht nur Kontrollen, sondern auch ständig wiederkehrende Plausibilitätsanalysen sind notwendig. Dabei sollte die generelle Validität und Genauigkeit der einzelnen Werbeplätze analysiert werden. So sind ungewöhnlich hohe Impression-Zahlen oder CTRs (Click-Through-Rates) ein ziemlich sicheres Indiz für Betrug (Bundesverband Digitale Wirtschaft e.V. 2016e, 21). Erkennt man diese Faktoren jedoch rechtzeitig ist es nicht unmöglich eine sehr gute Brand Safety mit so gut wie keinen Ad Frauds zu erreichen.

Das alles resultiert jedoch darin, dass Werbungtreibende dem neuen System noch nicht wirklich vertrauen (AppNexus 2015, 12). Es wird als Mittel zum Zweck und im Moment als zu unsicher angesehen (AppNexus 2015, 12).

Diese Aussagen zeigen schon, dass Programmatic auch nicht richtig verstanden wird. Viele Unternehmen wissen überhaupt nicht, wie es funktioniert – 44% verstehen es wenig oder gar nicht (AppNexus 2015, 13) – und trotzdem benutzen sie es. Ganz nach dem Motto: Trial and Error.

Umso wichtiger, hier Aufklärungsarbeit zu leisten, damit sich Programmatic Advertising in den nächsten Jahren auch hier in Deutschland durchsetzt und alle seine Vorteile ausspielen kann.

2.7   Vor- & Nachteile von Programmatic aus der Sicht des Mittelstandes

Welche Vor- und welche Nachteile ergeben sich also hieraus für den Mittelstand?

Fangen wir mit den Nachteilen an.

Natürlich erfordert es einiges an Investition um die notwendige Expertise aufzubauen. Selbst, wenn man sich dazu entscheidet, nichts inhouse zu bearbeiten und alles auszulagern, sollten zuständige Mitarbeiter ein grundlegendes Verständnis von der Thematik haben. Das braucht Zeit und Geld für die Fortbildung oder die Neueinstellung von Mitarbeitern. Gerade bei so einem neuen Thema ist es nicht ganz unproblematisch, die richtigen Zuständigen und Weiterbildungen ausfindig zu machen. Allerdings gibt es Grund-Kompetenzen bereits im Unternehmen. Mitarbeiter, die sich mit *Google AdWords*, SEA, SEO und Display Advertising auskennen, haben bereits einen großen Teil des nötigen Know-hows und sind in die Themen eingearbeitet.

Des Weiteren haben besonders Agenturen das Problem, dass sie sich mit neuer Konkurrenz auseinander setzen müssen (diffferent 2015, 37). Besonders im Mittelstand ein Punkt, der nicht übersehen werden kann und sollte. Für Werbungtreibende resultiert hieraus auch ein Nachteil: Sie müssen sich in einem Markt, der quasi von Minute zu Minute größer wird - angereichert mit neuen Spezial-Agenturen und vor allem Technikanbietern - zurechtfinden.

Außerdem kämpft vor allem der Mittelstand noch mit einem ganz anderen Problem, das nicht nur unbedingt etwas mit Programmatic Advertising zu tun hat. Weil sie bei großen Agenturen nicht Top of Mind sind, kommen sie auch weniger leicht an Informationen und Cases wie große Konzerne. Und gerade bei Agenturnetzwerken wie der *group m* zum Beispiel liegen im Moment das Know-how, die Bereitschaft und vor allem die Möglichkeiten etwas auszuprobieren. Man muss sich als Mittelständler also durchkämpfen um an relevante Informationen zu kommen, die nachher auch einen Vorteil bedeuten. Das kostet wiederum Zeit und auch Geld.

Eine weitere Gefahr bei der Methode Programmatic Advertising ist die der Detailliertheit. Das genaue Aussteuern von Zielgruppen und die vielen anderen Targetingmöglichkeiten können leicht dazu verleiten sich zu verrennen. Außerdem besteht dabei die Gefahr, so spitze Zielgruppen zu bekommen, dass das Potential nicht mehr ausreicht und die Reichweite der Kampagne stark leidet (C.A., Interview, Mediaagentur, Düsseldorf, 27.10.2016, siehe Anhang). Ein Beispiel dafür bietet der Konzern *Procter & Gamble*. Das Unternehmen hat in 2016 seine Strategie bei der Werbung auf *Facebook* geändert. Zu spitz seien die Zielgruppen gewesen, weswegen die erhoffte Wirkung mittels *Facebook*-Ads ausblieb. Deswegen will der Konzern sich zukünftig wieder auf breitere Zielgruppen konzentrieren um für ihre FMCG-Produkte auch in den sozialen Medien wieder Reichweite zu erzielen (Bassu 2016, 19-21).

Hinzu kommt die oben bereits erwähnte Unsicherheit bezüglich des Datenschutzes. Ohne eine Rechtsabteilung, die alles an Daten absegnet, was verwendet wird, sollte sich ein Unternehmen nicht an das Thema heranwagen. Auch hier wieder ein Faktor, der Zeit und Geld kostet.

Diese beiden Argumente wirken bei Werbungtreibenden am stärksten: die Messbarkeit der klassischen Medien und der aktuelle Mehrwert von Programmatic.

Kommen wir erst zur Messbarkeit. Das ist ein Problem, welches oben bereits schon einmal erwähnt wurde und welches den Medien selbst auch durchaus bewusst ist. Es wird in Zukunft nicht mehr reichen, mit Hochrechnungen einen GRP zu ermitteln und den Kunden damit zufrieden zu stellen. Idealerweise finden alle Gattungen eine Konvergenzwährung, die es ermöglicht, auf einen Blick den Erfolg einer Kampagne zu messen. Orientiert werden sollte sich da an den Wünschen der Unternehmen am Online-Bereich: hier kann man mit klaren KPIs wie Klick-Raten oder Website-Besuchen messen, was die Werbung gebracht hat.

Bis das der Fall ist, wird noch einige Zeit ins Land ziehen. Was zum letzten Nachteil aus der Sicht des Mittelstandes führt: Bis jetzt bietet Programmatic Advertising noch keinen wirklichen, klaren Mehrwert. Ja, es hat viele Vorteile – auf die gleich eingegangen wird -, aber trotzdem sticht für Werbungtreibende noch keiner so deutlich heraus, dass man mit lautem „Hurra" auf den Zug aufspringen würde. Der einzige aktuelle Vorteil ist der des Pioniers. Launcht man jetzt eine programmatische Kampagne sind einem Aufmerksamkeit von *Horizont*, *W&V* und anderen Medien gewiss. Doch auch dieser Effekt nutzt sich ziemlich schnell ab.

Neben den genannten Nachteilen gibt es aber auch deutliche Vorteile, die aus der Sicht von vielen Unternehmen überwiegen.

Zuerst einmal muss erwähnt werden, dass das Budget für Werbung an sich nicht vergrößert werden muss, nur weil sie auf einmal programmatisch gehandelt wird. Programmatic ist lediglich eine andere Methode, eine andere Strategie, die Media einzukaufen und zu buchen. Grundsätzlich ist die reine Anwendung also nicht mit Mehrkosten verbunden.

Und besonders bei der Produktion können Kosten sogar eingespart werden: in Zukunft müssen immer mehr Werbemittel digital produziert werden, damit sie ausgespielt werden können. Das ist deutlich billiger als bisherige Produktionen, gerade wenn man Fernsehspots betrachtet: Teures Equipment und teure Technik werden abgelöst von deutlich billigeren digitalen Produktionsmitteln.

Hinzu kommt auch noch, dass mit einem gezielteren Einsatz des Mediabudgets auch kleinere Buchungen bei einem Massenmedium wie zum Beispiel TV möglich sind. Auch das reduziert einerseits die Kosten und macht es andererseits sogar möglich Medien zu bedienen, die bisher in weiter Ferne lagen. Gerade TV ist da ein gutes Beispiel: Bisher war vielen Mittelständlern der Weg ins Fernsehen verwehrt, weil es nur mit einer nationalen Aussteuerung möglich ist und die Kosten dafür immens sind. Das könnte sich mit Smart TVs in Zukunft ändern.

Außerdem hilft eine einheitliche Plattform, sich in der immer komplexer werdenden Medienwelt zurecht zu finden (diffferent 2015, 31). Programmatic gibt einen guten Überblick darüber, welche Touchpoints Sinn machen und welche vielleicht nicht so sehr. Außerdem ruft es vielleicht sogar Medien auf, die bisher gar nicht so sehr im Kopf des Kunden verankert waren wie zum Beispiel Smart Watches oder auch Webradio.

Die oben erwähnten neuen Player im Markt können zudem nicht nur ein Nachteil, sondern auch ein Vorteil sein. Meistens sind sie wahrscheinlich nicht so teuer wie große Netzwerke und vor allem auch daran interessiert, sich erst einmal einen Namen zu machen um das Geschäft anzukurbeln. Hier befinden sich Mittelständler grundsätzlich in einer guten Position.

Auch die größere Detailliertheit beim Targeting oder der Medienauswahl hat nicht nur einen Nachteil: Zielgruppen können damit gezielter angesprochen werden und man hat deutlich weniger Streuverluste in seiner Kampagne.

Damit geht einher, dass durch Programmatic Werbung an sich an Relevanz gewinnen wird. Dadurch, dass Motive noch besser und schneller Bezug auf aktuelle Ereignisse, Situationen, Zeit und Ort nehmen können, werden sie für den Nutzer interessanter. Auf einmal kann Werbung sogar wirklich Sinn machen und einen echten Mehrwert für den Nutzer bieten.

Das Ganze resultiert dann in einem effizienteren Einsatz des Mediabudgets, was wiederum den Ertrag und den Return on Invest steigert. Ein gutes Targeting ist deutlich effektiver als einfach nur eine Budgeterhöhung (AppNexus 2015, 11). Man schießt nicht mehr mit Kanonen auf Spatzen, sondern kann sie ganz gezielt mit einem Netz aus Faktoren und Nutzungsverhalten einfangen. Hierzu passt auch der Ausspruch: „It's not how many people see an ad that matters; it's *who* sees it." (AppNexus 2015, 12).

Nicht zu vergessen ist auch, dass Unternehmen mit dem Einsatz von Programmatic Advertising international konkurrenzfähig bleiben (diffferent 2015, 31). Das System ist wie oben bereits erwähnt international schon deutlich weiter als in Deutschland. Besonders für Unternehmen, die auch in die Nachbarländer exportieren, ist es also schon fast essentiell, sich mit dem Thema zu beschäftigen und mit den globalen Märkten mitzuziehen.

Und obwohl man in Ausbildung, Technologie und so weiter Zeit investieren muss, spart die Automatisierung und Digitalisierung des Einkaufs-Prozesses wiederum Zeit ein (AppNexus 2015, 10). Bei vielen Dispositionen der Sender ist es noch Gang und Gebe, die Media mit einem Fax zu bestätigen. Das muss natürlich wieder kontrolliert werden, man muss sich mit dem Gerät auseinander setzen und bis das Ganze dann wieder beim Sender landet, können auch mal Tage vergehen. Passiert das alles automatisch und digitalisiert, ist auch der Mediaeinkauf im Jahr 2016 angekommen.

Auch das automatisierte Tracking erspart Mitarbeitern zeitfressende Arbeit mit Excel-Tabellen. Natürlich müssen sie immer noch das Auswerten übernehmen, aber immerhin das Tracking wird vom System übernommen. Das Tracking macht die Kampagnen transparenter. Effekte können deutlicher aufgezeigt werden und bieten damit ein gutes Argument für Werbung an sich.

Außerdem erhalten Kampagnen durch den Einsatz von Programmatic eine deutlich höhere Flexibilität. Bisher ist es vor allem in den klassischen Medien so, dass Flights oder gleich ganze Quartale geplant und gebucht werden. Das gibt den Publishern natürlich eine gewisse Sicherheit, ist aber unter Umständen für den Werbungtreibenden überhaupt nicht sinnvoll. Viel besser ist es doch da, die Kampagne laufend anpassen zu können, wenn sie nicht die Ziele erfüllt, die sie erfüllen soll.

Und das letzte (und fast wichtigste) Argument: Programmatic funktioniert, wenn man es richtig angeht. Ein sehr gutes Beispiel dafür konnte die Sport-Marke *Under Armour* liefern (Günther 2016).

Nach Identifizierung der Customer Journey setzten sie eine Cross Device Kampagne auf, welche die Streuverluste minimieren sollte und gleichzeitig die Zielgruppe aber auch nicht übermäßig mit den Motiven bespielen sollte. Während des Werbezeitraums konnte die Nettoreichweite von neun Millionen Unique Usern auf der Webseite und im Shop auf 27 Millionen User gesteigert werden. Außerdem wurden 80% mehr Käufe getätigt und der Erlös erhielt einen Uplift von 60% (Günther 2016).

Und auch die bereits erwähnte Webradio-Kampagne von *Das Örtliche* zeigte gute Klickzahlen und eine positive Resonanz – sowohl beim Werbungtreibenden als auch bei der Agentur und den Publishern (C.A., Interview, Mediaagentur, Düsseldorf, 27.10.2016, siehe Anhang).

In Zukunft werden dann auch noch weitere Vorteile hinzukommen. Wird das Konzept des All Media Buyings durchgesetzt, kann die Zielgruppe an fast allen Touchpoints individuell erreicht werden (diffferent 2015, 27). Und zwar sinnvoll über mehrere Medien hinweg über einen bestimmten Zeitraum ohne, dass die Werbung den Nutzer nervt oder er sie als irrelevant empfindet.

Außerdem soll der Nachteil der fehlenden Konvergenzwährung natürlich auch behoben werden. Wenn die Regeln, die wir bis jetzt nur aus der Online-Welt kennen, auf die gesamte Kampagne angewendet werden können (Scharnhorst 2016, 10), hat das einen deutlichen

Mehrwert für den Kunden. Das ist zwar noch Zukunftsmusik, wird sich aber innerhalb der nächsten Jahre vermutlich bewahrheiten.

2.8   Voraussetzungen & To Dos für den Mittelstand

Wichtig bei dem ganzen Thema Programmatic Advertising ist erst einmal am Ball zu bleiben. Es bringt nichts alle anderen machen zu lassen und dann zu schauen, wo man sich etwas abgucken kann.

Ein gutes Beispiel dafür bietet der Autohersteller *Tesla*. Auch, wenn sie nicht unbedingt die besten Technologien und Akkus verbauen, sind sie klarer Marktführer bei den Elektroautos und haben die komplette Automobilbranche in Panik versetzt. Deutsche Autobauer mussten schnell nachziehen um nicht ganz den Anschluss zu verlieren, haben aber trotzdem noch einiges aufzuholen und werden nie als Pioniere der Elektromobilität gelten. Die Mehrheit vertraut eher der Technologie von *Tesla* als der von *BMW*, *Audi* oder *Mercedes* (Saal 2016).

Genau das Gleiche gilt für das Thema Programmatic. Denn wie oben beschrieben gibt es viele verschiedene Wege mit dem Thema umzugehen. Es wird vermutlich nie ein Königsweg existieren, der von allen Werbungtreibenden angewendet werden kann. Denn jedes Unternehmen hat seine eigenen Möglichkeiten und Ziele, die es verfolgt.

Klar ist auch, dass Programmatic natürlich nicht von heute auf morgen voll etabliert und entwickelt sein wird. Es ist ein ständiger Prozess und das überträgt sich auch auf die Projekte und Vorgehensweisen in Unternehmen. Umso wichtiger ist es dabei eben, den Anschluss nicht zu verlieren und so viele Erfahrungen wie möglich zu sammeln.

Einen Vorteil, den mittelständische Unternehmen im Gegensatz zu großen Konzernen haben, sind die kürzeren Entscheidungswege. Durch flachere Hierarchien können kleinere Firmen schneller Entschlüsse durchsetzen und anwenden. Mitarbeiter haben meistens mehr Entscheidungsfreiheiten oder können Entschlüsse schneller vorantreiben. Dadurch können Prozesse und Kampagnen schneller angepasst werden, was wiederum zur Folge hat, dass die Marke an Relevanz für den Kunden gewinnen kann.

Insofern ist es wichtig, Programmatic Advertising nicht nur als eine neue Methode anzusehen, sondern auch als Strategie, die dem Unternehmen einen Boost verschaffen kann. Es eröffnet viele neue Möglichkeiten und gibt Gelegenheit mit festgefahrenen Methoden und Gedanken aufzuräumen.

Dafür lassen sich ein paar To Dos aufstellen, die sowohl für Agenturen als auch für Werbungtreibende selbst allgemeine Gültigkeit besitzen. Auch gibt es ein paar Besonderheiten zu beachten, die im Folgenden ausgeführt werden.

2.8.1 Vorbereitung

Zuerst einmal müssen Unternehmen sich Klarheit im Programmatic-Dschungel schaffen. Es muss sich intensiv mit dem Thema beschäftigt werden, um den richtigen Weg für sich zu finden.

Hier ist es wichtig, Entscheidungen treffen zu können. Man muss sich vielleicht auch mal Etwas trauen und einfach ins kalte Wasser springen. Das funktioniert natürlich besser, wenn klare Ansagen gemacht werden. Entweder man probiert sich in diesem neuen Bereich aus und setzt es um oder man lässt es bleiben. Für ein paar halbherzige Versuche ist Programmatic nicht geeignet, da es ja auch erst nach ein paar Anwendungen und Anpassungen seine volle Wirkkraft entfaltet.

Wichtig dabei ist, agil und flexibel zu sein. Es wird immer mal wieder eine neue Technologie oder eine andere Vorgehensweise auftauchen, die sich lohnt auszuprobieren. Denkt man von vorne herein in festgelegten Mustern und ist nicht bereit auch mal von seinen Plänen abzuweichen, ist das Projekt quasi schon zum Scheitern verurteilt.

Dabei sollte man sich nicht scheuen auch externe Berater mit hinzuzuziehen. Selbst wenn man zu dem Entschluss gekommen ist, alles inhouse machen zu können und zu wollen, kann es durchaus sinnvoll sein sich für den Start Hilfe zu holen.

Auch Mitarbeiter sind von diesen Entscheidungen betroffen. Sie müssen weiter ausgebildet werden und eventuell müssen auch neue eingestellt werden. Sie brauchen neben dem strategischen auch ein zusätzliches technologisches Know-How um Programmatic richtig anwenden zu können.

Außerdem muss eine enge Zusammenarbeit zwischen den Abteilungen erfolgen. Es muss zu einem „bereichsübergreifenden Denken" (Lamprecht 2016) kommen, damit Programmatic sein volles Potential entfalten kann.

Bisher war es meistens so, dass verschiedene Bereiche, wie zum Beispiel die Marktforschung, der Vertrieb und das Marketing, unabhängig voneinander betrachtet wurden. Das betraf sowohl Zielsetzungen als auch Maßnahmen. Gleichzeitig nutzten die Abteilungen selbst auch immer nur den für sie relevanten Teil der Customer Journey ohne den Rest zu betrachten und mal über den Tellerrand zu blicken.

Das sollte sich in Zukunft ändern, weil einerseits der komplette Weg des Kunden von der Akquise bis zum mehrmaligen Kauf relevant wird und andererseits weil die Abteilungen auch voneinander profitieren können. Die Arbeit sollte sich weg vom Silo hin zu einem projektbasierten Denken entwickeln um das große Ganze im Blick zu haben. Das macht die Arbeit zwar komplexer und zu Beginn auch nicht unbedingt einfacher, auf Dauer aber deutlich effektiver und sinnvoller (Lamprecht 2016). Hierfür braucht es natürlich Führungskräfte, die in der Lage sind alle Fäden in der Hand zu behalten und wenn notwendig neu zu knüpfen.

Das Gleiche gilt natürlich auch in den Agenturen: Hier sind es zum Beispiel besonders die Felder Kreation und Media, die enger zusammenrücken müssen. Kreative müssen sich mit den Daten der Mediaplanung auseinander setzen, während Mediaplaner die Kreation berücksichtigen müssen um eine Kampagne sinnvoll und effizient zu planen. Die Kreation wird in Zukunft mehr Werbemittel erstellen müssen um eine individuellere Ansprache zu schaffen, während die Mediaabteilung natürlich nicht zu kleinteilig werden darf und damit die Möglichkeiten der Kreation viel zu weit ausschöpft. Es ist also eine genaue Abstimmung notwendig, die in einer Full-Service Agentur (vor allem im Mittelstand, wo es weniger Mitarbeiter gibt) natürlich deutlich einfacher ist als bei zwei voneinander unabhängigen Agenturen.

Natürlich brauch man für das ganze Vorhaben auch eine Strategie: wo will das Unternehmen hin und wie erreicht man dieses Ziel? Hierbei muss differenziert werden zwischen kurz- und langfristigen sowie Unternehmens- und Marketingzielen. Auch, wenn man erst einmal klein anfängt mit Programmatic, sollte man keine Angst haben, sich große Ziele zu setzen. Diese können sowohl Abverkauf als auch Branding oder Markenaufbau beinhalten. Denn nur wenn man das große Ganze vor Augen hat, kann man es auf kleine Bereiche runterbrechen und ist dann in der Lage effizient zu planen und zu arbeiten.

Daraus ergeben sich Fragen, welche die Partner oder Lieferanten betreffen. Es muss genau bedacht werden mit wem man in Zukunft zusammen arbeiten möchte. Entweder beruft man sich dabei auf das Vertraute und behält den jeweiligen Partner oder man schaut sich nach anderen Marktteilnehmern um, mit denen man vielleicht besser zusammen arbeiten kann. Vielleicht ändert sich auch einfach die Art der Beziehung. War es bisher ein reines Kunde-Dienstleister-Verhältnis, könnte es sich jetzt zu einer Partnerschaft ausweiten, bei der beide Teilnehmer auf Augenhöhe miteinander agieren. Stammagenturen werden hier vermutlich einen Vorteil haben: Sie werden zuerst gefragt, wenn das Thema beim Kunden aufkommt und sollten sich schon einmal entsprechend darauf vorbereiten.

Allerdings sollte eine Agentur sich darauf auch nicht verlassen, denn es stellt sich auch die Frage der Unabhängigkeit. Es muss klar definiert werden, inwieweit man als Werbungtreibender seine Unabhängigkeit in Entscheidungen und der Arbeitsweise aufgeben kann und will. Je mehr Partner, desto abhängiger macht man sich. Das hat sowohl Vor- als auch Nachteile, die jeder Mittelständler für sich ausmachen muss.

Einen Punkt gibt es bei der Partnerwahl zu beachten: in den USA gibt es das Problem von Multi-, beziehungsweise Meta-SSP-Systematiken (Schneidmadl 2016). Das bedeutet, dass eine DSP über mehrere, sich überschneidende SSPs auf dasselbe Inventar eines Publishers bietet. Algorithmen erkennen dann, wo das Inventar am günstigsten ist und schlagen zu. Diese künstlich erschaffene Konkurrenzsituation hat aber zur Folge, dass die Einkaufspreise steigen. Darunter leidet auch die Qualität, weil die zusätzlichen technologischen und kaufmännischen Prozesse die Effektivität des Yieldmanagements zunichte machen. Das ist in den USA bereits nachweislich passiert und muss nun wieder rückgängig gemacht werden. Daraus kann der deutsche Markt nur lernen, beim Anbieter auf Transparenz zu achten und diese Technik nicht zu etablieren (Schneidmadl 2016).

Auch muss die Expertise des Partners natürlich zu den Unternehmens- und Kampagnenzielen passen. Will man eine Marke aufbauen macht es keinen Sinn eine Agentur zu beschäftigen, die sich wunderbar mit dem Preiskampf im Handel auskennt, aber noch nie eine Imagekampagne entworfen hat. Das ist zwar eher selten der Fall, trotzdem ist es wichtig darauf zu achten.

Unten stehende Grafik veranschaulicht die Abläufe und fasst die zu bedenkenden Punkte noch einmal zusammen. Sie soll als Leitfaden dienen, die Reihenfolge der Punkte ist nicht gesetzt. Je nach Situation und Bedarf können Punkte übersprungen oder verändert werden.

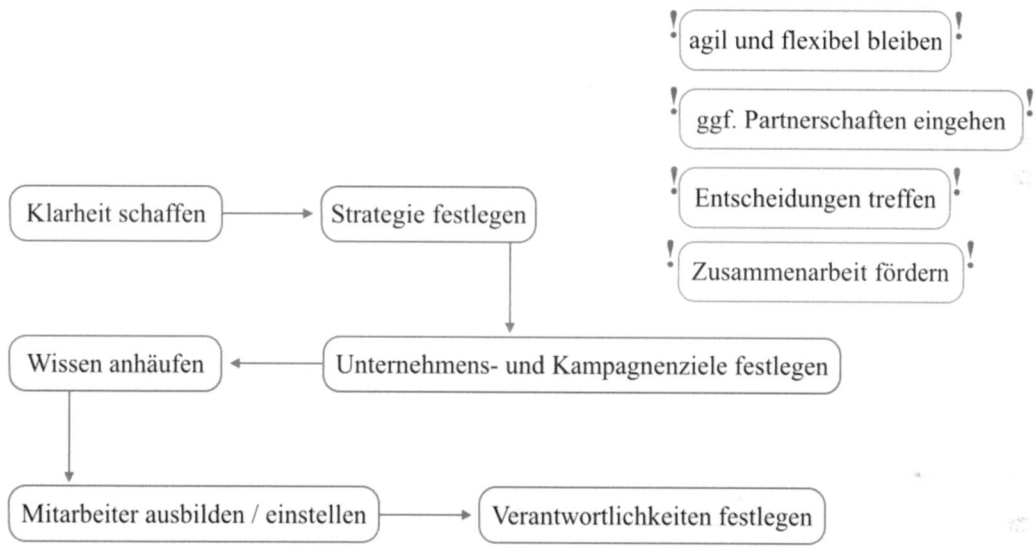

Abbildung 17: Vorbereitung (eigene Darstellung)

2.8.2 Datenmanagement

Gleichzeitig mit der Zielsetzung und dem Festlegen der Verantwortlichkeiten sollte man auch bereits mit dem Sammeln von Daten anfangen. Auch dafür muss natürlich zuerst eine Strategie festgelegt werden.

Klar ist, dass vorher geprüft werden muss, wie und in welchem Umfang die Daten gesammelt und gespeichert werden dürfen. Datenschutzrichtlinien sollten nicht auf die leichte Schulter genommen werden, allerdings darf man auch keine Angst vor ihnen haben.

Es stellt sich die Frage, ob man nach der neuen EU-Datenschutz-Grundverordnung nun einen Datenschutzbeauftragten braucht oder nicht. Und ob man diesen extern hinzuzieht oder intern in das Unternehmen eingliedert. Der Vorteil eines Datenschutzbeauftragten ist, dass er sich mit der Materie auskennt. Man befindet sich mit ihm auf der sicheren Seite und läuft weniger Gefahr gegen die Vorgaben zu verstoßen und schmerzliche Strafen zahlen zu müssen.

Bestehende Verträge mit Datenanbietern sollten auch noch einmal neu geprüft werden. Unternehmen haben bis Mai 2018 Zeit, die neue Verordnung durchzusetzen und ihre Aktivitäten entsprechend anzupassen. Sie stehen außerdem in der Pflicht auch ihre Dienstleister zu kontrollieren und Änderungen an den Verträgen vorzunehmen wenn nötig. Die Zeit bis 2018 sollte zum Beispiel auch genutzt werden um Pläne zu entwerfen, wie Datenpannen frühzeitig erkannt und vermieden werden können.

Trotzdem sollte keine Panik aufkommen. Es geht ja gar nicht so sehr um die Personalisierung von Daten sondern eher darum, Typologien aufzubauen. Man muss Nutzungssituationen ausfindig machen, in denen Nutzer angesprochen werden können. Es geht darum Verhalten zu identifizieren und darauf die Kommunikation aufzubauen. Hier ist man auch rechtlich freier als beim Sammeln von persönlichen Daten.

Es dauert im Schnitt drei bis neun Monate bis man eine relevante Masse an Daten hat, mit der es sich lohnt zu arbeiten. Insofern sollte man damit rechtzeitig anfangen und immer weiter machen. Denn genauso wie die Kunden sich verändern und ihre Bedürfnisse sich an die Lebenssituationen anpassen, genauso verändern sich natürlich auch ihre Daten. Auch hier heißt es also: immer am Ball bleiben und nie den Anschluss zu seinen Nutzern verlieren.

Während des Sammelns müssen die Daten dann strukturiert, anonymisiert oder pseudonymisiert und gematcht werden. Hierbei kann man zu der Erkenntnis kommen, dass die eigenen Daten nicht ausreichen und man sich noch anderweitig mit externen Datenanbietern helfen muss. Das muss wieder individuell entschieden werden und wird sich vielleicht auch nicht gleich bei den ersten Kampagnen herausstellen. Grundsätzlich sollte man erst einmal versuchen mit den eigenen Daten zu arbeiten. Wenn das funktioniert, spart man sich Zeit und Geld.

Die gesammelten Daten werden analysiert und zu einer Customer Journey zusammengeführt. Die Zielgruppe wird dadurch klarer und es können Touchpoints ausgemacht werden, an denen der Nutzer am besten angesprochen werden kann.

Gleichzeitig ist es auch möglich, den Produktkatalog unter die Lupe zu nehmen und zu segmentieren. Zum Beispiel kann die Saisonalität der Produkte eine Rolle spielen. Auch dabei können sich neue Zielgruppen oder neue Datenpunkte auftun (Scharnhorst 2016, 9).

Gleichzeitig ist darauf zu achten, nicht wie wild und planlos alle Daten zu horten, die eventuell mal Sinn machen könnten. Wie bereits erwähnt muss es eine Strategie geben, die die Art und Weise des Daten-Managements vorgibt. So werden weder personelle noch finanzielle Ressourcen verschwendet. Es geht nicht darum Big Data zu sammeln und zu speichern, sondern der Weg muss eher zu den Smart Data führen. Aber je weniger personenbezogene Daten gesammelt werden, desto besser. Diese müssen dann aber natürlich in Kombination einen Sinn ergeben.

Vieles ist dabei auch Trial and Error. Das Thema Daten ist für viele Unternehmen in Deutschland ein noch relativ neues Feld in dem man sich erst zurechtfinden muss. Indem man aber ständig versucht seine Kampagnen zu verbessern und A/B-Tests durchführt, wird man nach und nach die richtige Ansprache am richtigen Touchpoint finden. Neue Kreationen mit neuen Geschichten und neuen Botschaften werden aufkommen und die Nutzer immer besser ansprechen. Auch das ist ein schleichender Prozess, der nicht von heute auf morgen perfekt funktionieren wird.

Im Idealfall ergeben sich Zielgruppen-Typologien, die kanalübergreifend eingesetzt werden können und aus denen sich Strategien für die Programmatic-Aktivitäten ergeben. Das erfordert aber auch ein tieferes Verständnis von Algorithmen, mit denen sich nicht nur Informatiker auseinander setzen sollten, sondern auch das Marketing und der Vertrieb (diffferent 2015, 43).

Und es erfordert ein Umdenken in der Definition von Zielgruppen. Programmatic bietet nicht nur die Möglichkeit einer neuen Methode zu Werben, es bietet auch die Möglichkeit seine bisherigen Definitionen einer Zielgruppe zu hinterfragen. Es gibt die Möglichkeit seine Strategie neu zu überdenken und sich zu sammeln: Ist die aktuelle Zielgruppe wirklich die richtige? Macht das Modell 14-49 zum Beispiel wirklich noch Sinn? Oder ist es nicht viel sinnvoller weg vom Alter und Generationen hin zu Bedürfnissen und Wünschen und der Customer Journey zu gehen?

So nutzen zum Beispiel nicht mehr nur junge Leute *Facebook*. Die Älteren sind mindestens genauso aktiv: In der Altersgruppe 55+ gab es seit 2011 viermal so viele Anmeldungen als bei den 13- bis 17-Jährigen (Brückner 2016). Somit erscheint es doch sinnvoller das Alter eher als grobe Einschätzung zu sehen denn als gesetztes Merkmal (Brückner 2016). Das fördert auch die individuelle Ansprache der Nutzer und man versteht seine Zielgruppe besser.

Außerdem macht Programmatic Advertising mit einer so breiten Zielgruppe wie zum Beispiel 14-49 kaum Sinn. Man hat also die Chance eine „steuerbare Kontaktdosis" (Scharnhorst 2016, 3) zu entwickeln, die die Ansprache effizienter macht.

Die Grafik fasst die genannten Punkte in Reihenfolge zusammen. Auch hier gilt wieder: je nach Bedürfnissen und vielleicht schon vorhandenen Partnerschaften oder CRM-Systemen können die To Dos abweichen, übersprungen werden oder in einem anderen zeitlichen Ablauf angegangen werden.

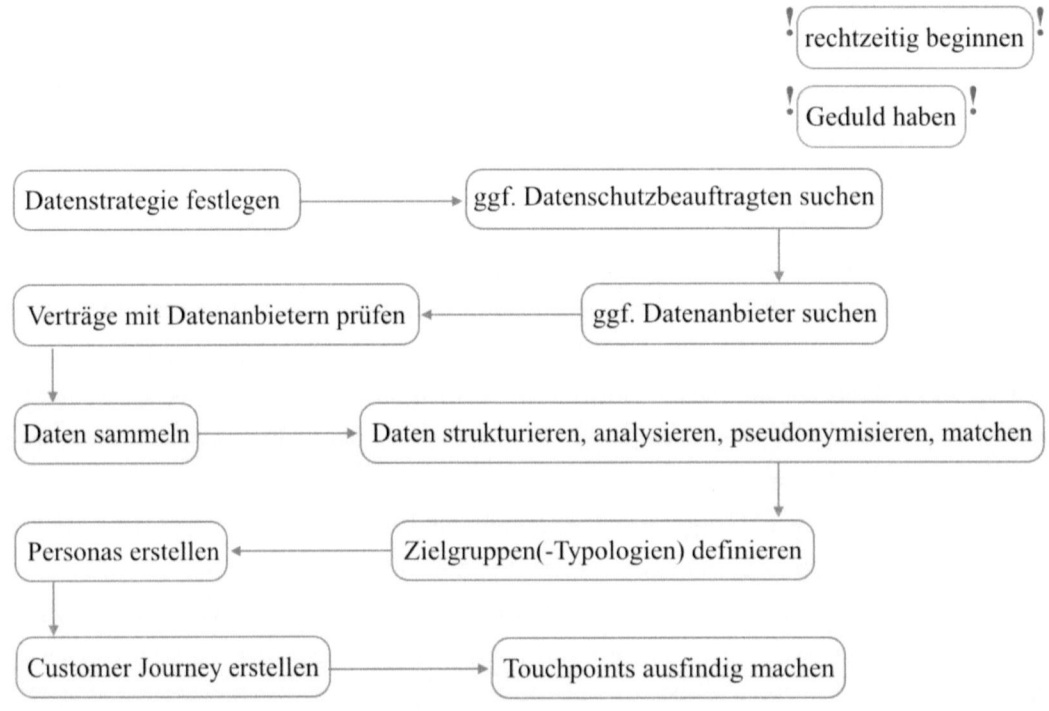

Abbildung 18: Sammeln & Verwalten von Daten (eigene Darstellung)

2.8.3 Planung & Durchführung

Nach dem Sammeln und Analysieren folgt die Planung. Hierbei sollte sich natürlich bereits auf die Daten gestützt werden um eine zielgruppengerechte und strategisch sinnvolle Planung entwerfen zu können. Der Vorgang nennt sich Data-Driven-Planning (diffferent 2015, 41) und wird bei Mediaplanern und Strategen ein Umdenken erfordern. Die Art der Planung verändert sich und wird komplexer. Es muss entschieden werden, wie die Balance zwischen Eins-zu-Eins-Ansprache und Massenkommunikation aussehen soll und welche Touchpoints bespielt werden sollen (diffferent 2015, 44).

Procter & Gamble hat bei diesem Thema im Jahr 2016 wie bereits erwähnt für Aufsehen gesorgt. Sie haben ihre Art und Weise auf *Facebook* Werbung zu machen drastisch geändert. Es soll eben nicht mehr ein ganz genaues Targeting erfolgen, sondern wieder eine allgemeinere Ansprache an eine größere Zielgruppe stattfinden. Grund dafür war, dass die Effizienz der Facebook-Anzeigen nicht mehr zufrieden stellend war und sich der Konzern zum Handeln gezwungen sah (Bassu 2016, 17). Ein schönes Beispiel dafür, dass man sich mit dem Verhältnis zwischen spitzer Ansprache und Masse beschäftigen sollte.

In gleichem Atemzug sollte auch das Predictive und Behavioural Targeting sowie Native Advertising genannt werden.

Beim Behavioural Targeting wird das Surfverhalten des Nutzers mithilfe von Cookies analysiert (Onlinemarketing Praxis 2016a). Das Predictive Behavioural Targeting geht dabei noch einen Schritt weiter: es kombiniert Informationen des Surfverhaltens eines Nutzers mit anderen Datenquellen. Das können Befragungen oder auch Registrierungen sein (Onlinemarketing Praxis 2016b). Daraus entwickelt man dann Profile, so genannte Personas, auf die die Werbung angepasst werden kann. Bei Native Advertising hingegen werden verschiedene Werbeformen in einem redaktionellen Umfeld geschaltet. Die Werbung passt sich an das Design der Plattform und der User Experience an (OnPage.org 2016b). Eine Form sind zum Beispiel Sponsored Posts, die sich kaum von den restlichen Inhalten unterscheiden. Oft haben sie einen viralen Charakter, damit User sie weiterempfehlen (OnPage.org 2016b).

Diese Methoden machen Werbung für den Nutzer relevanter und sind mithilfe der gesammelten Daten auch einfacher umzusetzen als bisher. Außerdem wird diese Art von Werbung von den Nutzern positiver wahrgenommen. Laut einer Studie der Universität Antwerpen sind 86% der Nutzer mit Native Advertising einverstanden (W&V Online 2016a). Und *Burda Vorward* fand heraus, dass zwei Drittel der Nutzer diese Art von Werbung positiv wahrnehmen (W&V Online 2016a).

Mediaplaner sollten sich also eingehend mit dem Thema beschäftigen und es in ihre Planungen mit einbeziehen, wenn es Sinn macht.

Mit der Planung hängen natürlich auch die KPIs und Benchmarks zusammen. Hier muss vermutlich ebenso ein Umdenken stattfinden. Alleinige Anforderungen wie Reichweite und Klickzahlen werden nicht mehr ausreichen. Auch hier wird es ein komplexeres Geflecht aus unterschiedlichen Zielsetzungen geben, die in Summe zu einer effektiven und relevanten Ansprache führen.

Wichtig dabei ist auch die Nutzer-Bedürfnisse mit den Möglichkeiten des Publishers abzugleichen (IAB 2016). Man kann natürlich tolle Planungen entwerfen, die in der Theorie den Nutzer ganz persönlich und treffsicher ansprechen. Ist der Publisher allerdings nicht in der Lage das gewünschte Targeting anzuwenden oder wird die Zielgruppe doch zu spitz, kann man wieder von vorne anfangen.

Nach der Kampagnenvorbereitung kommt die Kampagnenbegleitung. Wie schon erwähnt macht es Programmatic Advertising möglich eine Kampagne laufend zu optimieren. Das macht sie auf Dauer deutlich effizienter.

Damit einher geht aber auch, dass man Geduld beweisen muss. Real Time Advertising bedeutet nicht, dass man sofort die gewünschten Ergebnisse sieht. Erst durch die ständige Optimierung entfaltet das neue System seine Effizienz, was durchaus ein bis zwei Monate dauern kann (Scharnhorst 2016, 14). Das bedeutet auch, dass man in Zukunft vielleicht nicht mehr mit einer Flighting-Strategie arbeitet, sondern vielleicht eher mit einer Always-On-Strategie um die Ansprache relevant zu machen.

Zum Beispiel muss auch herausgefunden werden, in welcher Frequenz die Nutzer angesprochen werden müssen (Turn 2015, 15). Da kommt es immer ganz auf Produkt und Medium an.

Auch die Zusammensetzung der Medien wird eine Rolle spielen. So kann es sein, dass man einen Nutzer fünfmal mit einem mobilen Banner ansprechen muss, bis er die gewünschte Interaktion durchführt. Nimmt man jedoch zweimal den mobilen Banner und eine Video-Ad kommt man vielleicht zum gleichen Ergebnis mit zwei Schaltungen weniger. Es gibt unendlich viele Möglichkeiten Nutzer mit Werbung zu erreichen. Und jedes Unternehmen muss für sich herausfinden, welche für ihn die richtige ist.

2.8.4 Nachbereitung & Optimierung

Mit der Nachbereitung der Kampagne fängt der Lernprozess erst richtig an. Deswegen ist es umso wichtiger, sich auszuprobieren und einfach anzufangen. Denn nur aus Fehlern kann richtig gelernt werden und der beste Weg für die eigene Marke ausgemacht werden.

Werden die gewünschten Benchmarks nicht erreicht, ist klar, dass etwas geändert werden muss. Auch hier gibt es natürlich wieder alle Stellschrauben, die man bereits bei der Ursprungsplanung zur Verfügung hatte. Das werden in Zukunft mehr werden als in der aktuellen Mediaplanung, deswegen wird es für Mediaplaner eine gewisse Herausforderung darstellen nicht den Überblick zu verlieren.

Bei der Optimierung ist auf jeden Fall das Stichwort Brand Safety explizit zu benennen. Beim ganzen Optimieren sollte natürlich immer darauf geachtet werden, dass die Marke auch im richtigen Umfeld platziert wird. Das wird bei den klassischen Medien vielleicht nicht so ein großes Problem wie im Online-Bereich, dennoch sollte dieser Punkt nicht aus den Augen gelassen werden.

Mit der ständigen Bearbeitung wird die Ansprache der Nutzer immer besser werden. Natürlich hat man in verschiedenen Kampagnen unterschiedliche Ziele, aber ein grundsätzliches System wird sich vermutlich trotzdem etablieren. Dieses ist allerdings auch wieder von jedem Werbungtreibenden selbst zu finden. Jeder hat andere Kunden und kann nicht einfach alles von anderen abschauen. Besser man steht auf eigenen Beinen.

Dass man dabei auch auf die Nase fällt, gehört dazu. Allerdings macht es Programmatic Advertising durch die schnelleren Anpassungsmöglichkeiten deutlich leichter wieder auf die Beine zu kommen.

Folgende Grafik fasst die Punkte „Planung und Durchführung" sowie „Nachbereitung und Optimierung" zusammen, da sie fließend ineinander übergehen und im Laufe der Anwendung einen Kreislauf bilden sollten.

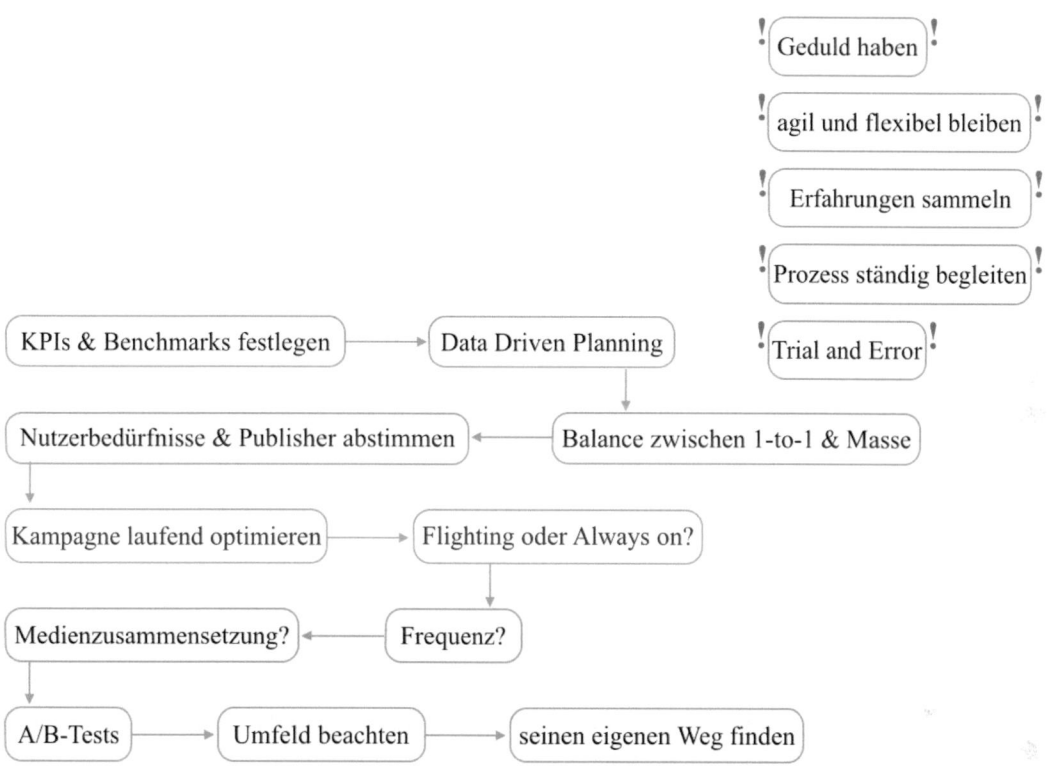

Abbildung 19: Planung & Durchführung (eigene Darstellung)

2.8.5 Praktisches Vorgehen

Bisher wurde vor allem der strategische und theoretische Teil der Umsetzung besprochen. Nun soll erläutert werden, wie das praktische Vorgehen aussieht. Grundsätzlich unterscheidet sich die Praxis bei Programmatic Advertising nicht sehr von einer digitalen Mediaplanung. Allerdings kommen doch ein paar mehr Faktoren hinzu, die bedacht werden müssen.

Zuerst einmal wird ein Briefing aufgesetzt. Arbeitet man mit einer Agentur zusammen ist es durchaus sinnvoll, sich dieses wiederum durch ein Re-Brief bestätigen zu lassen. Dabei können noch Unklarheiten geklärt werden und beide Partner sind auf der sicheren Seite, dass die Kampagne auch wie gewünscht umgesetzt wird. Hier macht es bereits Sinn erste Brainstormings im Team durchzuführen und erste Recherchen anzusetzen. Dabei können schon erste Rückfragen und Aspekte auftauchen, die zwischen Kunde und Agentur oder auch innerhalb der Abteilungen eines Unternehmens direkt zu Anfang geklärt werden können.

Ist das Briefing freigegeben, folgt bereits das Aufsetzen der Strategie und die Planung. Dieser Teil besteht wiederum aus mehreren Schritten, die nacheinander abgearbeitet werden müssen. Zuerst geht es um den strategischen Ansatz. Aus den Kommunikationszielen des Briefings müssen die Mediaziele abgeleitet werden. Das kann man sich wie eine Übersetzung vorstellen.

Heißt das Ziel im Briefing zum Beispiel „Bekanntheit steigern" so ist für Strategen und Mediaplaner klar, dass die Kampagne eine hohe Reichweite erzielen muss. Gemessen werden kann dies einerseits durch das Tracking auf dem Adserver, andererseits aber auch durch begleitende Marktforschung.

Ein anderes beliebtes Ziel ist „Abverkauf steigern". Das bedeutet, man muss eine Performance-Kampagne aufsetzen, bei der die Messung, Optimierung und Bewertung anhand von erfolgsbasierten Abrechnungsmodellen stattfindet. Das kann Cost per Click, Cost per Lead oder auch Cost per Order sein. Diese Art von Kampagnen sind natürlich besonders bei Online-Shops beliebt, weil sie die Erfolge am genauesten messen können. Dabei wird sich auch gerne den Earned und Owned Media bedient. Sie sind kostengünstig und haben bei Nutzern meistens ein gutes Ansehen.

Will der Werbungtreibende Kaufbarrieren abbauen, geht es um eine Imagekampagne. Diese kann am besten durch begleitende Marktforschung gemessen werden, da es sich um einen weichen Faktor handelt, der mit Zahlen so gut wie nicht abgebildet werden kann. Hier werden gerne inhaltlich auffallende und emotionale Themen genommen, damit die Marke dem Nutzer auffällt und im Gedächtnis bleibt.

Um eine Inszenierung der Marke geht es dann, wenn das Ziel „Innovationskraft zeigen" heißt. Auch hier misst man die Erfolge am besten mit einer Forschung, wobei hier der Fokus auf den Markenattributen und nicht auf den Imagefaktoren liegen sollte. Auch hier geht es wieder um Emotionalität. Diese wird erreicht durch auffällige und stark wirkende Kanäle sowie Sonderwerbeformen.

Als letztes haben wir ein Ziel, dass mittlerweile immer häufiger relevant wird: App-Downloads. Auch hier wird, wie bei der Performance-Kampagne, ein Cost per x als Erfolgsfaktor herangezogen. In diesem Fall sind es die Cost per Installs. Dabei werden aber nicht nur die Anzahl der installierten Apps gewertet, sondern auch die Bewertungen, die Nutzer im App Store abgeben.

Natürlich können sich die Ziele auch mal vermischen. Je nachdem ist es dann notwendig, zwei Kampagnen zu fahren oder man schafft es, die beiden Ziele unter einen Hut zu bringen und die richtige Balance zu finden. Grundsätzlich ist es aber so, dass man im Idealfall nicht mehr als drei Ziele bestimmt, die mit der Kampagne erreicht werden soll. Weiterhin ist es empfehlenswert, einen Ziel-Schwerpunkt zu legen. Denn auch Programmatic Advertising kann keine Wunder vollbringen und die bereits geltenden Gesetze der Mediaplanung aus den Angeln heben.

Kommen wir zum nächsten Schritt, der Zielgruppenanalyse. Je besser man die Zielgruppe kennt, desto genauer und effizienter kann die Kampagne auch aufgesetzt werden. Hierzu können verschiedene Studien herangezogen werden, die das Potential der Zielgruppe genauer erkennen lassen. Es wird unterschieden zwischen den Media-Studien und den Markt-/ Media-Studien.

Media-Studien konzentrieren sich rein auf die Nutzung der verschiedenen Medien. Die Standardwährung des deutschen Medienmarktes ist die *ma*. Sie wird durchgeführt von der *agma* und erscheint jeweils für die unterschiedlichen Medien. So gibt es die *ma Radio*, die *ma Plakat*, *ma Pressemedien*, *ma Online*, *ma Tageszeitungen* und *ma Intermedia*. Für den Bereich TV zieht man das *AGF/GfK* Panel heran. Es analysiert vor allem die quantitativen Faktoren des Fernsehens wie Sehdauer, Marktanteile und den TKP. Als Drittes gibt es noch die reine Online-Studie der *AGOF* (*Arbeitsgemeinschaft Online-Forschung e.V.*). Hier wird das Online-Verhalten analysiert.

Markt-/Media-Studien hingegen beschäftigen sich mehr mit den weichen Faktoren. Hier geht es zum Beispiel darum, generelle Konsummerkmale zu erheben und die Mediennutzung der Gesamtbevölkerung damit in Einklang zu bringen und abzubilden. Eine große Studie dazu ist die *VuMA*, die *Verbrauchs- und Medienanalyse*. Hier können zum Beispiel auch Tätigkeiten im Tagesverlauf eingesehen werden. Daneben gibt es auch Studien, die sich mit speziellen Zielgruppen oder Themen beschäftigen. So bildet die *Kids-Verbraucheranalyse* zum Beispiel die jungen Zielgruppen ab, die in Standard-Forschungen nicht einbezogen werden.

Mithilfe der Studien kann nun eingegrenzt werden, welche anderweitigen Interessen die Zielgruppe hat und welche Medien sie bevorzugen. Dann kann danach geclustert werden, in welchen Bereichen dieser Medien und Interessen die Affinitäten besonders hoch sind. So ergibt sich nach und nach ein detailliertes Bild der Zielgruppe, auf Basis dessen dann die Medien ausgewählt werden können.

Damit wäre man auch schon beim nächsten Schritt: die Medienkanalauswahl. Hier spielen sowohl die Reichweite, als auch die Affinität und das Verhältnis zwischen Kosten und Nutzen eine Rolle. Diese drei Kennzahlen ergeben eine Matrix, aus der man die geeignetsten Medien auswählt. Das heißt, sie müssen sowohl zur Zielgruppe als auch zum Budget und den Zielen passen.

Danach geht es auch schon in die Detailplanung. Auch hier gibt es wieder eine Vielzahl von Planungstools und Informationsplattformen, die herangezogen werden sollten. Sie dienen dazu Werbeträger zu vergleichen, Langzeit-Entwicklungen zu betrachten, Strukturen auszumachen, Kosten zu analysieren, Überschneidungen zu berechnen und vieles mehr. Denn es reicht natürlich nicht nur, die richtigen Kanäle auszuwählen. Mindestens genauso wichtig ist die Gewichtung zwischen ihnen um einen optimalen Media-Mix zu bekommen. Auch die zeitliche Komponente ist nicht zu vernachlässigen. Vielleicht macht es Sinn, erst nur mit einem Medium draußen zu sein und später andere hinzuzunehmen. Vielleicht muss man aber auch direkt aus allen Löchern schießen. Das kommt dann immer ganz auf die Zielsetzung, das Budget und das Verhalten der Zielgruppe an.

Werbemittel haben natürlich je nach Art und Umfeld unterschiedliche Wirkung. Das heißt, auch hierfür muss eine Strategie festgelegt werden. Außerdem muss bedacht werden, welches Kontaktniveau jeweils durchgesetzt werden kann.

Die Einsatztaktik wird mithilfe des Depot-Effekts bestimmt. Je nachdem, wie hoch der Druck ist, kann man sich Mediabudget sparen und das Depot nutzen. Das heißt, man geht nach der Flighting-Strategie und wechselt zwischen On- und Off-Air-Phasen. Das wird in Zukunft bei Programmatic allerdings auch infrage gestellt werden. Vielleicht macht es auch durchaus Sinn, sein Budget gleichmäßiger zu verteilen und einer Always-on-Strategie zu folgen.

Hier wird auch festgelegt, wie der Mediamix aussieht. Manche Medien verstärken sich gegenseitig, wenn sie richtig eingesetzt werden. Es muss also die Entscheidung zwischen einer Mix- und einer Mono-Kampagne gefällt werden.

Der Werbeträger wird wie schon bekannt sowohl nach qualitativen als auch nach quantitativen Kriterien ausgewählt. Als letztes folgt dann die Auswahl der Kampagnenmechanik, Geräteauswahl, Targeting, das Einbauen in den Adserver und das Einstellen des Trackings.

Die einzelnen Vermarkter werden danach ausgewählt, wie viele der gewünschten Medien sie in ihrem Portfolio haben. Zusätzlich kommen noch die Data-Management-Plattformen hinzu, die die Kampagne mit zusätzlichen Informationen füttern. Mithilfe von Daten kann im Laufe der Kampagne auch ein Retargeting stattfinden, das bereits erreichte Nutzer mit einer anderen Botschaft noch einmal anspricht.

Nach dem Einstellen der Kampagne folgt dann wie bereits erwähnt die Optimierung. Hierzu werden Ergebnisse aus dem Tracking und der Marktforschung kombiniert um zu sehen, ob zum Beispiel die Balance zwischen den Medien angepasst werden muss oder das Budget auf einen anderen Zeitraum geschoben werden sollte.

Folgende Grafik fasst die Vorgänge noch einmal zusammen:

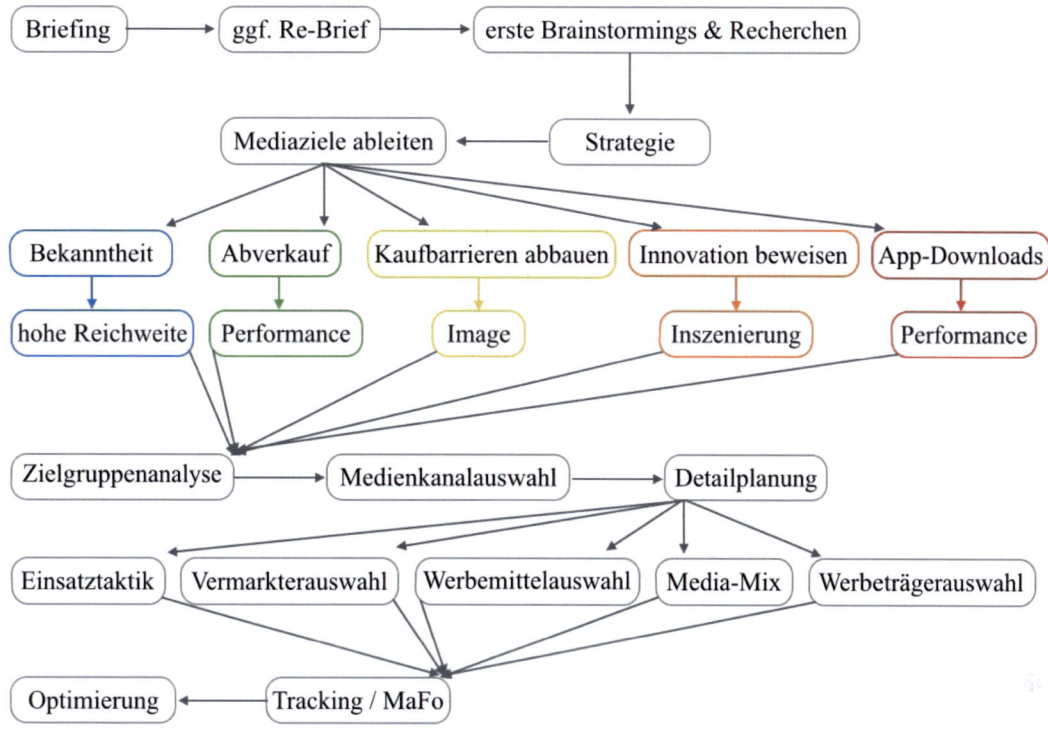

Abbildung 20: Praktische Vorgehensweise (eigene Darstellung)

3. Resümee & Fazit

Programmatic Advertising ist also erst einmal nur ein neuer Schritt auf dem Weg der Werbung und ihrer Art, wie sie erschaffen wird. Es ist eine Weiterentwicklung, die mit den neuen Technologien Schritt halten kann und somit vielleicht wirklich einfach nur eine Notwendigkeit ist.

Genauso wie Steintafeln, Anzeigenblätter und der erste Fernsehspot mag es einem heute wie eine Revolution erscheinen, in den nächsten Jahren wird es Agenturen, Werbungtreibenden und dem Markt selbst aber in Fleisch und Blut übergehen. Am Ende wird man die Aufregung, die anfangs um das Thema gemacht wurde, gar nicht mehr verstehen. Bis ein neues Thema auf den Tisch kommt, was wieder bahnbrechend erscheint.

Klar ist, dass man um das Thema nicht mehr herumkommt. Auch der Mittelstand – sei es nun Agentur oder Werbungtreibender selbst – wird Programmatic in Zukunft anwenden (müssen). Doch die Angst und das Halbwissen, die noch kursieren, schieben dem Thema teilweise einen Riegel vor, der groß und unüberwindlich erscheint. Es gibt wenig Abhandlungen oder ausführliche Essays dazu und Artikel können immer nur einen Bruchteil des Themas abbilden.

Fragen, die der Mittelstand sich stellt, lauten: Wie relevant ist es überhaupt für uns? Können wir das finanziell überhaupt bewältigen? Und vor allem: Wer kennt sich gut genug damit aus um Programmatic umzusetzen?

Diese Studie hat versucht, alle Aspekte des Themas zu beleuchten. Die oben beschriebenen Umsetzungswege und To Dos sollen Klarheit und das Dickicht bringen und erste Handlungsempfehlungen geben. Die genannten Hürden erscheinen vielleicht ein bisschen kleiner, wenn sie beleuchtet wurden und mit manchen Halbwahrheiten aufgeräumt wurde.

Die erste: Programmatic ist gleichbedeutend mit Real Time Bidding. Die ganze Wahrheit lautet jedoch, dass der Vorgang des Real Time Bidding nur einer von mehreren Bestandteilen des Systems ist. Es wird ein System werden, das es möglich macht auch neue Technologien wie Smart Watches oder Smart TVs zu bespielen. Ein System, das diese Technologien überhaupt erst einmal ins Spiel der Werbung bringt. Dabei soll es gleichzeitig auch die klassischen Medien digital planbar machen und so eine einheitliche Art, Werbung zu planen, etablieren.

Programmatic Advertising bedeutet die „automatisierte Aussteuerung einzelner Werbekontaktchancen in Echtzeit" (Bundesverband Digitale Wirtschaft e.V. 2016). Dabei soll das Budget effizienter eingesetzt werden und Konsumenten individueller und gezielter angesprochen werden. Es geht weg von der Planung im Voraus hin zu einer Planung, die erst beim Ausspielen der Kampagne finalisiert und optimiert wird.

Das bedeutet, dass Werbebudget in Zukunft viel effizienter und effektiver ausgespielt werden kann als das bisher der Fall war. Werbung steigt in der Relevanz für den Nutzer und somit erfährt die Marke einen positiven Image-Boost. Die Kombination aus mehreren technischen Bestandteilen, mehreren möglichen Vorgängen des Einkaufs und Daten erhöht die Flexibilität einer Kampagne. Es gibt mehr Stellschrauben, die gedreht werden können und die zusammen ein Konstrukt ergeben, das Werbungtreibenden und Publishern bestimmte Bedürfnisse befriedigt, die mit klassischer Planung noch nicht abdeckbar sind.

Und obwohl der Markt aktuell unübersichtlich erscheint und viele Anbieter versuchen ein Stück vom Kuchen abzubekommen, müssen passende Partner ausgesucht werden. Viele Teilnehmer werden auch wieder verschwinden. Es ist der Reiz des Neuen, der sie aus ihren Löchern lockt und die fehlende Expertise, die sie wieder dorthin treiben wird.

Doch davon sollte man sich nicht abschrecken lassen. Wie alles Neue erscheint auch Programmatic Advertising anfangs unübersichtlich und komplex, doch es ist einfach nur eine neue Art und Weise mit Werbung umzugehen.

Die Veränderungen der klassischen Planung hin zur programmatischen lassen sich klar deuten. Der Fokus geht weg vom Umfeld, in dem geworben wird, hin zum einzelnen Nutzer, der erreicht werden soll. Die Kontaktqualität bestimmt einen individuellen Preis, er ist nicht mehr von einem Vermarkter oder Publisher pauschal festgelegt. Der Einkauf wird granularer erfolgen, teilweise ohne, dass das Volumen garantiert ist. Doch die genauere Ansprache – möglich gemacht durch Targetings – und eine kontextbasierte Werbung machen einen Kontakt qualitativ hochwertiger und effizienter.

Und es ist ja nicht so, dass Programmatic Advertising noch nicht angewendet werden würde. Die Digitalbranche macht es den klassischen Medien vor. Mobile ist hier der größte Treiber, auch wenn hier immer noch gerne normale Desktop-Banner eingesetzt werden anstelle von genau auf das Medium zugeschnittenen Werbemitteln.

Und 2017 wird auch das Jahr, in dem Massenmedien anfangen werden erste Kampagnen zu schalten. Deutschland ist hier zwar auch hinter europäischen Ländern noch im Rückstand, holt aber auf. Dies ist allerdings auch ein Vorteil für den Mittelstand. Denn das heißt es ist noch nicht zu spät mit Programmatic loszulegen.

Die nächsten Schritte werden vom Programmatic Online Buying über das All-Media-Buying und die Programmatic Creation hin zur Programmatic Orchestration gehen.

Doch bis das umgesetzt wird, sind auch noch Hürden zu überwinden. Bisher gibt es nur einige Wenige, die sich mit dem Thema beschäftigen und ein bisschen ihr eigenes Süppchen kochen. Das muss und wird sich ändern. Auch Standards müssen geschaffen werden. Erste Initiativen wie der „Code of Conduct" des *BVDW* sind bereits in der Umsetzung, doch es ist auch weiterhin noch viel Aufklärungsarbeit und Erfahrung notwendig.

Auch muss ein klarer Mehrwert kommuniziert werden, der das Interesse der Wirtschaft entfacht. Eine Konvergenzwährung ist mit der *ma Intermedia PLuS* auf dem richtigen Weg, ohne Werbungtreibende aber schon vollständig zufrieden zu stellen.

Zielgruppen müssen neu überdacht werden. Hier sind Werbungtreibende in der Pflicht ihre festgefahrenen Methoden über den Haufen zu werfen und neuen Methoden die Tür zu öffnen. Weg vom Schubladendenken hin zur Identifizierung der Nutzungssituation und schon macht Programmatic viel mehr Sinn.

Auch Konsumenten müssen noch überzeugt werden und Adblocker müssen uninteressant werden. Das kann erreicht werden durch deutlich kreativere Werbung. Denn grundsätzlich sind die meisten Menschen daran interessiert informiert zu werden. Umso besser, wenn das auf eine ansprechende und für den Nutzer relevante Art und Weise passiert, die am besten auch noch im Gedächtnis bleibt.

Die Technik darf natürlich auch nicht fehlen. Auch sie hat noch einige Baustellen wie die des geräteübergreifenden Retargetings. Oder den Rückkanal in den klassischen Medien. Auch hier muss wieder an den Standards gearbeitet werden und es muss mehr Inventar zur Verfügung stehen.

An Masse fehlt es auch noch beim Thema Daten. Doch wie da herankommen? Und was ist erlaubt und was nicht? Die Unsicherheit bezüglich der neuen EU-Datenschutz-Grundverordnung muss beseitigt werden und die Umsetzung muss klar vor Augen liegen.

So hat jeder Bereich seine Hausaufgaben zu erledigen. Doch vieles wird sich klären, wenn Programmatic erst einmal in der Umsetzung ist und einige Learnings gesammelt wurden.

Denn es gibt viele Wege, die nach Rom führen. Doch jedes Unternehmen muss seine persönliche Methode finden.

Anfangs ist es sinnvoll und ratsam Kooperationen und Partnerschaften einzugehen. Gesammelte Erfahrungen können ausgetauscht werden und meistens kann Zusammenarbeit auf Augenhöhe den jeweiligen Teilnehmern andere Blickwinkel und neue Möglichkeiten eröffnen. Wie sich so etwas dann in der Zukunft entwickelt, muss man sehen. Gerade bei so einem neuen Thema ist es jedoch durchaus von Vorteil nicht alles alleine zu machen.

Die Bereiche Technik, Daten und Praxis sollten dabei einzeln betrachtet und bedacht werden. In manchen Dingen hat man vielleicht schon die notwendigen Ressourcen und das notwendige Wissen, woanders muss unter Umständen noch nachgeholfen werden. Dabei gibt wieder drei Möglichkeiten: alles inhouse zu erledigen, einen Teil auszugliedern und so eine hybride Lösung zu schaffen oder alles an externe Anbieter zu vergeben. Es ist eine Make-or-Buy-Entscheidung.

Gerade im Mittelstand scheint es am besten einen hybriden Ansatz zu fahren. Gibt man alles aus der Hand, kann man leicht die Kontrolle verlieren. Und macht man alles inhouse ist die Gefahr größer sich zu verrennen und das Projekt vor die Wand zu fahren.

Die Hauptsache ist auf jeden Fall etwas zu machen. Abwarten und gucken ist keine gute Idee. Nur durch eigens gesammelte Erfahrungen kann man den eigenen Königsweg finden. Dabei müssen natürlich aber erst einige Vorurteile und Ängste überwunden werden. Das funktioniert vor allem über viel Aufklärungsarbeit. Denn es kursieren viele Gerüchte, die gar nicht oder nur teilweise wahr sind. Das Vertrauen in das neue System muss wachsen und gedeihen.

So werden eben nicht nur Restposten vermarktet und es ist durchaus mehr möglich als nur den Abverkauf zu stärken. Ein positives Image und Markenbekanntheit können mit Programmatic Advertising genauso gut erzielt werden. Richtig eingesetzt ist auch die Sichtbarkeit kein Problem. Alles ist eine Frage der korrekten Anwendung und der richtigen Balance zwischen individueller und Massenkommunikation.

Vieles liegt in der Hand der Werbungtreibenden selbst. Kosten können effizient und gezielt eingesetzt werden und Transparenz kann eingefordert werden.

Natürlich muss Zeit und Geld investiert werden. Mitarbeiter müssen ausgebildet werden und Agenturen müssen mit neuer Konkurrenz zurechtkommen. Wissen muss aufgebaut werden und es darf sich nicht im Detail verloren werden. Die Komplexität der Planung nimmt zu und erscheint anfangs vielleicht unüberwindbar.

Auf der anderen Seite jedoch tun die Plattformen alles dafür die Planung zu vereinfachen. Indem man eine komplette Kampagne mit mehreren Medien über einen Hub – eine digitale Bündelung – buchen kann, macht es vieles einfacher.

Und die positiven Dinge überwiegen schlicht und ergreifend. Man lernt seinen Nutzer mit der Zeit immer genauer kennen und kann ihn viel gezielter und effizienter ansprechen. Das Budget kann punktueller und flexibler eingesetzt werden und Werbung gewinnt an Relevanz. Insgesamt kann der Return on Invest gesteigert werden, immer unter der Voraussetzung, dass Programmatic auch richtig und sinnvoll eingesetzt wird. Unternehmen bleiben international konkurrenzfähig und vor allem viel flexibler, was ihre Werbung angeht.

So lassen sich am Schluss nur noch ein paar Ratschläge verteilen. Bleiben Sie agil und flexibel. Trauen Sie sich etwas und probieren Sie verschiedene Möglichkeiten aus, denn nur so werden Sie den richtigen Weg für sich finden.

Gehen Sie Partnerschaften ein und kommunizieren Sie mit ihnen auf Augenhöhe. Und fördern Sie nicht nur diese Zusammenarbeit, sondern auch die Kooperation zwischen den unternehmensinternen Abteilungen.

Und warten Sie nicht ab, sondern beginnen Sie jetzt. Gleichzeitig müssen Sie jedoch Geduld haben, denn das neue System entfaltet sein Potential erst nach einiger Zeit. Dazu ist es wichtig, den Prozess ständig zu begleiten und gegebenenfalls auch einzugreifen.

Sammeln Sie Erfahrungen und treffen Sie Entscheidungen, denn nur so kann programmatische Werbung erfolgreich eingesetzt werden.

III. Literaturverzeichnis

Ackermann, Astrid (2016): EU-Datenschutz-Grundverordnung: Das sind die Neuerungen [online]
https://www.datenschutzbeauftragter-info.de/eu-datenschutzgrundverordnung-das-sind-die-neuerungen/, [27.11.2016].

Adform (2016): About [online]
http://site.adform.com/company/about/, [11.12.2016].

Adzine (2016): USA: Programmatic Advertising erreicht die Kinos [online]
https://www.adzine.de/2016/07/usa-programmatic-advertising-erreicht-die-kinos/, [16.11.2016].

Agma (2016): ma Intermedia PLuS [online]
https://www.agma-mmc.de/media-analyse/intermedia-plus.html, [24.12.2016].

Ansorge, Katrin (2016): „Es genügt nicht, nur wie wild Daten zu sammeln" [online]
http://www.horizont.net/medien/nachrichten/Programmatic-Advertising-Es-genuegt-nicht-nur-wie-wild-Daten-zu-sammeln-140591, [11.11.2016].

AppNexus (2015): Reaching Full Potential. Examining attitudes towards programmatic across the global advertising system [online]
http://www.iabeurope.eu/research-thought-leadership/member-research-appnexus-programmatic-trust-study/, [02.10.2016].

AppNexus (2016): About AppNexus [online]
https://www.appnexus.com/en/company/about-us, [20.11.2016].

Bassu, Gabriella (2016): Operation Markenkern. Wie P&G Produktpolitik, Marketingkommunikation und Mediastrategie aus dem Kern der Marke ableitet. Europa Marketingchefin Sophie Blum liefert Insights, in: W&V, Jg. 54, Nr. 44, S. 16-21.

Bauer, Silvia (2015): Anonymisierung und Pseudonymisierung von Kundendaten [online]
https://www.datenschutz-praxis.de/fachartikel/anonymisierung-und-pseudonymisierung-von-kundendaten/, [26.11.2016].

Bolten, Götz (2014): Geschichte der Werbung [online]

http://www.planet-wissen.de/kultur/medien/werbung/pwiegeschichtederwerbung100.html, [17.12.2016].

Brien, Jörn (2016): Privatsphäre aufweichen? Dobrindt will Unternehmen Zugriff auf Daten erleichtern [online]

http://t3n.de/news/dobrindt-unternehmen-daten-767554/, [26.11.2016].

Bundesministerium der Justiz und für Verbraucherschutz und juris GmbH (2016a): Bundes-datenschutzgesetz (BDSG) §1 [online]

https://www.gesetze-im-internet.de/bdsg_1990/__1.html, [26.11.2016].

Bundesministerium der Justiz und für Verbraucherschutz und juris GmbH (2016b): Bundes-datenschutzgesetz (BDSG) §11 [online]

https://www.gesetze-im-internet.de/bdsg_1990/__11.html, [26.11.2016].

Bundesministerium der Justiz und für Verbraucherschutz und juris GmbH (2016c): Bundes-datenschutzgesetz (BDSG) §14 [online]

https://www.gesetze-im-internet.de/bdsg_1990/__14.html, [26.11.2016].

Bundesverband Digitale Wirtschaft e.V. (2016a): Code of Conduct: BVDW standardisiert Programmatic Advertising [online]

http://www.bvdw.org/medien/code-of-conduct-bvdw-standardisiert-programmatic-advertising?media=8272, [22.11.2016].

Bundesverband Digitale Wirtschaft e.V. (2016b): Heute und morgen: „Mediennutzung und Kommunikation in Deutschland 2016" [online]

http://www.bvdw.org/medien/heute-und-morgen-mediennutzung-und-kommunikation-in-deutschland-2016?media=7832, [09.10.2016].

Bundesverband Digitale Wirtschaft e.V. (2016c): Infografiken Programmatic Advertising [online]

http://www.bvdw.org/der-bvdw/infografiken/programmatic-advertising.html, [01.10.2016].

Bundesverband Digitale Wirtschaft e.V. (2016d): Programmatic Advertising Kompass 2016/2017, 2. Auflage, Düsseldorf: Bundesverband Digitale Wirtschaft e.V.

Bundesverband Digitale Wirtschaft e.V. (2016e): Status quo: Mobile Programmatic Advertising in Deutschland [online]
http://www.bvdw.org/medien/status-quo-mobile-programmatic-advertising-in-deutschland?media=7665, [19.11.2016].

Bundesverband Digitale Wirtschaft e.V. (2016f): Über uns [online]
http://www.bvdw.org/der-bvdw/ueber-uns.html, [19.11.2016].

Brainagency (2016): Agentur [online]
http://www.brainagency.de/de/agentur/, [11.12.2016].

Brückner, Benjamin (2016): Schluss mit dem Hype. Warum es nicht hilft, in Generationen-Schubladen zu denken [online]
http://www.xing-news.com/reader/news/articles/474795?ctid=jjM1MV80NzQ3OTU6NDc0Nzk2OjQ3NDc5Nzo0NzQ3OTk6NDc0ODAwOjQ3NDgwMjo0NzQ4MDM6NDczMDk2&link_position=front_page&newsletter_id=17174&xng_share_origin=web, [15.11.2016].

D3media (2016): Services [online]
http://www.d3media.de/, [20.11.2016].

Datenschutz- und Mittelstandsberatung (2016): EU-Datenschutz-Grundverordnung (EU-DSGVO) [online]
https://www.datenschutz-grundverordnung.eu/, [26.11.2016].

Dejure.org (2016): Telemediengesetz §15 [online]
https://dejure.org/gesetze/TMG/15.html, [26.11.2016].

Diffferent (2015): The Programmatic Giant 2015 [online]
https://www.diffferent.de/programmatic-advertising/, [15.09.2016].

Double Click by Google (2016): Programmatic Buying [online]
https://www.doubleclickbygoogle.com/de/solutions/programmatic/, [20.11.2016].

Dr. Datenschutz (2016a): 10 Vorteile der EU-Datenschutz-Grundverordnung [online]
https://www.datenschutzbeauftragter-info.de/10-vorteile-der-eu-datenschutz-grundverordnung/, [27.11.2016].

Dr. Datenschutz (2016b): Auftragsdatenverarbeitung und Datenschutz-Grundverordnung [online]
https://www.datenschutzbeauftragter-info.de/auftragsdatenverarbeitung-und-datenschutz-grundverordnung/, [27.11.2016].

Dr. Datenschutz (2016c): Data Breach Notification: Datenpannen in der DSGVO [online]
https://www.datenschutzbeauftragter-info.de/data-breach-notification-datenpannen-in-der-dsgvo/, [27.11.2016].

Dr. Datenschutz (2016d): Datenschutz-Folgenabschätzung: Was ist das überhaupt? [online]
https://www.datenschutzbeauftragter-info.de/datenschutz-folgenabschaetzung/, [27.11.2016].

Dr. Datenschutz (2016e): Datenschutz-Grundverordnung: Pflichten für Unternehmen [online]
https://www.datenschutzbeauftragter-info.de/datenschutz-grundverordnung-pflichten-fuer-unternehmen/, [27.11.2016].

Dr. Datenschutz (2016f): Neue Informationspflichten mit der Datenschutz-Grundverordnung [online]
https://www.datenschutzbeauftragter-info.de/neue-informationspflichten-mit-der-datenschutz-grundverordnung/, [27.11.2106].

exelate (2016): Products [online]
http://exelate.com/products/, [11.12.2016].

Fleischmann, Sebastian (2016): 1st & 3rd Party – Der Wert von Daten im Programmatic Advertising" [online]
https://www.youtube.com/watch?v=8Gv0LxA7ap0&index=6&list=PLGUB5NXuv3PgMR6ahb_2Pj1unKufDQ0-X, [26.10.2016].

Freshdads (2016): Werbung im Wandel der Zeit: Frauen an den Herd [online]
http://www.freshdads.com/magazin/werbung-im-wandel-der-zeit-frauen-den-herd#.WFUeYfNUsfI, [17.12.2016].

Gablers Wirtschaftslexikon (2016a): Mittelstand [online]
http://wirtschaftslexikon.gabler.de/Definition/mittelstand.html [05.11.2016].

Gablers Wirtschaftslexikon (2016b): Werbung [online]
http://wirtschaftslexikon.gabler.de/Definition/werbung.html, [17.12.2016].

Goldberg, Michael (2016): Methods of Many Colors: Targeting Audiences Programmatically [online]
http://www.dnb.com/perspectives/marketing-sales/6-effective-programmatic-audience-targeting-methods.html, [10.12.2016].

Günther, Vera (2016): Kampagnenaussteuerung über alle Kanäle [online]
http://www.horizont.net/tech/nachrichten/Fallstudie-Under-Armour-Kampagnenaussteuerung-ueber-alle-Kanaele-142780, [08.11.2016].

Hanisch, Chris (2015): Yield Management im Online Display [online]
http://www.mediascale.de/yield-management-im-online-display/, [02.12.2016].

HbbTV-infos (2016): HbbTV Infoportal [online]
http://www.hbbtv-infos.de/, [22.12.2016].

IAB (2016): The Programmatic Private Marketplace Checklist [online]
www.iab.net/pmpchecklist, [02.10.2016].

IAB Europe (2015): Road to Programmatic. An IAB Europe White Paper [online]
http://www.iabeurope.eu/research-thought-leadership/iab-europe-road-to-programmatic-white-paper/, [01.11.2016].

IAB Europe (2016a): Attitudes towards Programmatic Advertising [online]
http://www.iabeurope.eu/uncategorized/iab-europe-report-attitudes-towards-programmatic-advertising-a-deep-dive-into-buy-side-attitudes-and-adoption/, [15.09.2016].

IAB Europe (2016b): European Programmatic Market Sizing 2015. September 2016 [online]
http://www.iabeurope.eu/research-thought-leadership/programmatic/iab-europe-report-european-programmatic-market-sizing-september-2016/, [02.10.2016].

IAB Europe (2016c): Mission & Activities [online]
http://www.iabeurope.eu/about/, [19.11.2016].

Improve Digital (2016): 360 Polaris [online]
http://www.improvedigital.com/de/360polaris, [20.11.2016].

Janke, Klaus (2016): Wie die Mediengattungen mit Programmatic Advertising umgehen [online]
http://www.horizont.net/medien/nachrichten/Dmexco-2016-Wie-die-Mediengattungen-mit-Programmatic-Advertising-umgehen-142345, [23.10.2016].

Kraus, Dirk (2016): Perspektivwechsel: Mobile Adblocker als große Chance für Werbungtreibende [online]
http://www.internetworld.de/onlinemarketing/expert-insights/perspektivwechsel-mobile-adblocker-grosse-chance-werbungtreibende-1106033.html, [30.12.2016].

Lamprecht, Stephan (2016): Raus aus dem Silo – warum Unternehmen in Projekten denken müssen [online]
http://etailment.de/news/stories/Raus-aus-dem-Silo---warum-Unternehmen-in-Projekten-denken-muessen-3627, [11.11.2016].

Mattgey, Annette (2016): Online-Werbung 2017: „Viewability wird eine große Rolle spielen" [online]
http://www.lead-digital.de/aktuell/mobile/online_werbung_2017_viewability_wird_eine_grosse_rolle_spielen, [30.12.2016].

Nötting, Thomas (2016): Orientierung im Digitalmarketing. Digitales Dickicht, in: W&V, Jg. 54, Nr. 46, S. 16-20.

Onlinemarketing Praxis (2016a): Definition Behavioural Targeting [online]
http://www.onlinemarketing-praxis.de/glossar/behavioral-targeting, [21.11.2016].

Onlinemarketing Praxis (2016b): Definition Predicitve Behavioural Targeting [online]
http://www.onlinemarketing-praxis.de/glossar/predictive-behavioral-targeting, [21.11.2016].

Onlinemarketing Praxis (2016c) Definition Targeting [online]
http://www.onlinemarketing-praxis.de/glossar/targeting, [10.12.2016].

OnPage.org (2016a): Ad Exchange [online]
https://de.onpage.org/wiki/Ad_Exchange, [26.11.2016].

OnPage.org (2016b): Native Advertising [online]
https://de.onpage.org/wiki/Native_Advertising, [21.11.2016].

Oracle (2016): Produkte [online]
https://www.oracle.com/de/products/index.html, [20.11.2016].

OWM (2016): Mission Statement & Aufgaben [online]
http://www.owm.de/index.php?id=11, [19.11.2016].

Paperlein, Juliane (2015): Kleiner Feigling wirbt mit IP verstärkt in NRW [online] http://www.horizont.net/medien/nachrichten/Regionale-TV-Werbung-Kleiner-Feigling-wirbt-mit-IP-verstaerkt-in-NRW-132654, [23.10.2016].

Paperlein, Juliane (2016): Auch Spotify testet Programmatic Audio [online] http://www.horizont.net/medien/nachrichten/Automatisierte-Werbung-Auch-Spotify-testet-Programmatic-Audio-143004, [23.10.2016].

Pimpl, Roland (2016): G+J startet Programmatic Advertising auch in Print [online] http://www.horizont.net/medien/nachrichten/Ausprobieren-statt-wunddenken-GJ-startet-Programmatic-Advertising-auch-in-Print-138361, [23.10.2016].

Priller-Gebhardt, Lisa (2016): Adressable-TV. Ran an die Börse, in: W&V, Jg. 54, Nr. 42, S. 36-37.

Rentz, Ingo (2016a): Adblocker auf dem Desktop weiter rückläufig [online] http://www.horizont.net/medien/nachrichten/OVK-Messung-Adblocker-auf-dem-Desktop-weiter-ruecklaeufig-144138, [30.12.2016].

Rentz, Ingo (2016b): Programmatic Advertising begünstigt Verbreitung von Fake-Nachrichten [online] http://www.horizont.net/medien/nachrichten/Studie-von-Testbericht.de-Programmatic-Advertising-beguenstigt-Verbreitung-von-Fake-Nachrichten-144216, [03.01.2017].

Rentz, Ingo (2016c): So geschickt spricht Netflix Nutzer von Adblockern an [online] http://www.horizont.net/tech/nachrichten/Black-Mirror-Kampagne-So-geschickt-spricht-Netflix-Nutzer-von-Adblockern-an-144520, [30.12.2016].

Rondinella, Guiseppe (2016a): Mehr als die Hälfte der digitalen Werbegelder fließt 2017 in Programmatic [online] http://www.horizont.net/tech/nachrichten/eMarketer-Studie-Mehr-als-die-Haelfte-der-digitalen-Werbegelder-fliesst-2017-in-Programmatic-142681, [05.11.2016].

Rondinella, Guiseppe (2016b): Spotify startet vertikale Video-Ads in Echtzeit [online] http://www.horizont.net/tech/nachrichten/Branded-Moments-Spotify-startet-vertikale-Video-Ads-in-Echtzeit-143466, [23.10.2016].
Rubicon Project (2016): Automation Cloud [online] http://rubiconproject.com/automation-cloud/, [20.11.2016].

Saal, Marco (2016): Deutsche trauen Tesla am meisten zu [online]

http://www.horizont.net/tech/nachrichten/Autonomes-Fahren-Deutsche-trauen-Tesla-am-meisten-zu-144990, [23.12.2016].

Scharnhorst, Ralf (2016): Besser werben mit Programmatic Advertising. Datengetriebene Werbung endlich verständlich [online]
https://d3con.de/Ebook/, [30.10.2016].

Schneidmadl, Joachim (2016): Warum man die USA beim Programmatic Advertising nicht kopflos kopieren darf [online]
http://www.horizont.net/tech/kommentare/Headless-Bidding-Warum-man-die-USA-beim-Programmatic-Advertising-nicht-kopflos-kopieren-darf-142599, [08.11.2016].

Schobelt, Frauke (2016): Creative Data: Zenith platziert Audio-Spots für Das Örtliche [online]
http://www.wuv.de/digital/creative_data_zenith_platziert_audio_spots_fuer_das_oertliche, [23.10.2016].

Schütz, Volker (2016): Warum Kreative Programmatic Advertising lieben lernen müssen [online]
http://www.horizont.net/tech/kommentare/Minority-Report-Warum-Kreative-Programmatic-Advertising-lieben-lernen-muessen-142621, [14.11.2016].

Schwartz, Kolja (2016): Speichern ist Abwägungssache [online]
https://www.tagesschau.de/inland/faq-ip-adressen-103.html, [27.11.2016].

Schwegler, Petra (2016a): Diese 4 Trends prägen den Bruttowerbemarkt 2016 [online]
http://www.wuv.de/medien/diese_4_trends_praegen_den_bruttowerbemarkt_2016, [17.12.2016].

Schwegler, Petra (2016b): Kann die MA Intermedia Plus den OWM befriedigen? [online]
http://www.wuv.de/medien/kann_die_ma_intermedia_plus_den_owm_befriedigen, [21.11.2016].

Schwegler, Petra (2016c): So fiel der Einsatz von Adressable TV für P&G aus [online]
http://www.wuv.de/specials/mediaplanung/so_fiel_der_einsatz_von_addressable_tv_fuer_p_g_aus, [23.10.2016].

Ströer (2016): Programmatic Advertising [online]
https://www.stroeer.de/digitale-werbung/werbemedien/programmatic-advertising.html,
[23.10.2016].

The Trade Desk (2016): About [online]
http://www.thetradedesk.com/about, [20.11.2016].

Tradedoubler (2016): TD Engage [online]
http://www.tradedoubler.com/de/advertiser/td-engage/, [20.11.2016].

Turn (2015): Efficiency, Effectiveness, and Precision. Building Brands with Programmatic
Advertising [online]
http://www.turn.com/resources/building-brands-with-programmatic-advertising,
[17.11.2016].

VivaKi (2016): Ströer und VivaKi starten erste programmatische Out-of-Home-Kampagne
[online]
http://www.vivaki.de/presse/pressemeldungen/news-detailseite/stroeer-und-vivaki-starten-
erste-programmatische-out-of-home-kampagne/b6983f71c4b5da5379b325df3d2cbc38/,
[23.10.2016].

W&V Online (2016a): 6 Gründe, warum Sie gerade jetzt auf Native Advertising setzen sollten [online]
http://www.wuv.de/digital/6_gruende_warum_sie_gerade_jetzt_auf_native_advertising_setz
en_sollten, [30.12.2016].

W&V Online (2016b): Der zähe Kampf gegen Adblocker [online]
http://www.wuv.de/medien/der_zaehe_kampf_gegen_adblocker, [30.12.2016].

Whaling, Forrest (2016): Programmatic Advertising. The Top 10 Infographics, Videos and
Resources [online]
http://altitudedigital.com/company-blog/programmatic-advertising-top-10-resources/,
[09.11.2016].

Xaxis (2016): Understanding Programmatic [online]
https://www.xaxis.com/de-DE/inside-xaxis#xaxis-and-programmatic, [20.11.2016].

IV. Interview mit F.K., Countrymanager Austria/ Eastern Europe/ Germany/ Netherlands/ Scandinavia/ Switzerland, Technologieanbieter, am 08. September 2016 via Skype

[Begrüßung und Smalltalk]

FK: Im Prinzip ist Programmatic im Audiobereich ja auch noch gar nicht lange möglich und man ist noch nicht da, wo man mit Display und Video ist und auch im mobilen Bereich sind viele Sachen gar nicht so möglich, wie man es manchmal denken mag. Von daher ist man im Audiobereich zwar noch in den Kinderschuhen, aber auf jeden Fall bewegt sich etwas.

Aber als Agentur heutzutage ist es mit diesen digitalen Sachen – mit dem Betreiben einer DSP – möglich, für meine Kunden Inventar einzukaufen und auch zu steuern und zu optimieren.

Dazu brauche ich keine Vermarkter – oder doch, die braucht man schon, weil die ja meistens diejenigen sind, die Inventar aggregieren - , aber auch das wird sich noch weiter verändern. Die Landschaft, so wie sie jetzt ist, wird sich noch weiter verändern und nicht so bestehen bleiben.

Das Thema ist unglaublich komplex und du kriegst so unglaublich viele verschiedene Meinungen – oder sagen wir besser Informationen. Das konsolidiert sich natürlich, aber trotzdem ist der Markt natürlich nicht einheitlich und hat auch keine einheitlichen Standards et cetera.

Und der Audio-Bereich ist eigentlich gar nicht so schlecht, weil er überschaubar ist. Von der Anbieterseite – des Contents, also der Sender und *Spotify* und so – und auch auf der Technologieseite ist es überschaubar: es gibt einfach nicht viele Anbieter, die das machen. Und bei den Agenturen sind es auch nur ein paar, die es bisher einsetzen. Oder man ist da in der Pionierarbeit und bringt es auf die Rampe. Insofern ist dieser Markt einfach deutlich einfacher zu überschauen und auch darzulegen. Darüber hinaus hat Audio auch noch ein paar Besonderheiten – oder Unterscheidungen – zum klassischen Programmatic. Also klassisch ist ja auch übertrieben, Programmatic gibt es ja noch gar nicht so lange und wenn man von Display spricht sagt man klassisches Programmatic, auch das ist ja erst seit ein paar Jahren überhaupt erst da.

Und Deutschland generell ist da nicht der führende Markt. Wir hier sind dem Amerikanischem und dem Englischen was Display betrifft deutlich hinterher und auch bei Video. Wenn man zu Audio kommt, sind interessanterweise die Amerikaner dem europäischen Markt ein bisschen hinterher. Programmatic Audio hat gerade erst begonnen. Am weitesten fortgeschritten ist da eigentlich UK.

Und durch die speziellen Datenschutzrichtlinien, wie wir sie hier in Deutschland haben, ist es aus meiner Sicht eh ein Grund, dass Dinge, die in anderen Ländern – also US und UK – viel lockerer gesehen werden, hier halt viel spezifischer hinterfragt werden und erlaubt oder eben nicht erlaubt sind, das wird das Tempo natürlich auch an der Stelle bremsen. Und die Struktur des klassischen Medienhandels in Deutschland ist auch nochmal ein bisschen anders – oder stärker verquickt. Sodass Programmatic sich nur langsam durchsetzt.

Wenn du dir Statistiken anguckst, sieht man in der Regel, dass der Anteil – also das ist immer eine Hochrechnung, wie viel Mediahandel wird in Zukunft durch Programmatic erfolgen – in Deutschland immer hinter einigen Ländern hinterher hinkt. Wenn der Anteil in US 70 oder 80% ist, in UK 60%, dann ist er in Deutschland so zwischen 40 und 50%.

Warum auch immer das so ist, das kann ich gar nicht richtig beurteilen. Aber es ist eben das, was man durchgehend sieht und das auch in den unterschiedlichen Ländern unterschiedliche Anteile am Gesamthandel einnehmen wird. Am Ende des Tages ist das alles Glaskugellesen, weil es keiner weiß.

Es ist in dem Bereich recht schwierig auch wirklich Aussagen zu machen, die tatsächlich eintreffen können oder so.

NO: Aber du glaubst schon, dass Programmatic jetzt nicht nur so ein Buzzword ist, das nächstes Jahr wieder verschwindet, oder?

FK: Nein. Das definitiv nicht. Wer sich ein bisschen mit dem Thema beschäftigt und die Logik versteht, der wird dem auch zustimmen.

Ich meine, es ist so, dass sich so viele mit dem Thema beschäftigen. Es hat halt auf vielen Seiten auch Ängste – also bei vielen Publishern und wenn man ins Radio geht sowieso. Die Angst: da kommt was Automatisches. Das heißt dann, dass es jemanden gibt, der jetzt noch viel besser die Preise drücken kann und damit wie bei Rudis Resterampe alles automatisch verteilt wird und ich nichts mehr abkriege. Also ich weniger für meinen Inhalt abbekomme.

Das ist aber darin begründet, dass die meisten Leute sich eben immer noch nicht auskennen und nur Halbwahrheiten im Kopf haben.

Das Programmatische macht nur einen Weg des Mediaeinkaufs, der mir für meine spezielle Nachfrage - also von Agenturseite aus gedacht: Konsumenten zu treffen - einen effektiveren Weg bietet, als ich in der Vergangenheit hatte.

Programmatic ist im Wesentlichen datengetrieben. Und datengetrieben gibt es in den klassischen Medien sowieso nicht - also in der Vergangenheit. Und auch in der Zukunft wird dann natürlich im TV und Radio nur bedingt die Möglichkeit bestehen, datenangereichert und programmatisch Kampagnen auszusteuern, zu optimieren und Inventar einzukaufen.

Es gibt ja so einen Ansatz – *adremis* und *jelly*. Maik Lenze ist da immer derjenige, der von Programmatic Radio spricht. Das ist natürlich nur die halbe Wahrheit, weil: das ist ein automatisiertes System, um Radio automatisiert einzukaufen. Das hat aber nichts mit dem Begriff Programmatic an sich zu tun, wo es darum geht, in Realtime herauszufinden, ob es jemanden gibt, der passt.

Ich suche jemanden, der in diesem Moment die und die Werbebotschaft erhalten soll. Mann zwischen 20 und 30 und hat schon einmal ne *McDonald's* App runtergeladen. So etwas wird ein klassisches Radio nie bieten können.

Webradio und *Spotify* – also alle diese Services - die können das. Weil die halt genau die Daten, die One to One Daten haben. *Adremis* kann vielleicht zwei Werbeplätze relativ zeitnah handeln und sie können datengetrieben – und zwar mit allen meinen Daten so wie Wetter – Werbung ausspielen. Das geht bei *Spotify* natürlich auch.

Und auch das wird man im Radio können, aber da hört es dann auch auf. Da haben die Menschen eine Limitierung. Der nächste Schritt für die ist, über Modellierung dann zu kommen. Heißt, du hast Sender xy, du hast einen Anteil deiner Hörer von Sender xy, die über Streams hören und hast einen Anteil, die du identifizieren kannst. Wo du weißt, hier geht behavioural Targeting – also du weißt, dass die Leute Sport mögen – und nimmst den Anteil, den du im Web hast und rechnest den hoch auf deine gesamte Hörerschaft im Radio – also UKW. Und modellierst das dann so und versuchst es, so auszuspielen.

Aber das ist nicht möglich und zwar in Bezug auf Zeit (du hast ja im UKW nicht wirklich eins zu eins Parameter), deswegen würde da auch nur mit bedingten Targetingmöglichkeiten gearbeitet werden können.

Um Audio jetzt generell in diesem Digitalen und Programmatischen zu verstehen, muss man glaube ich am Anfang anfangen und erstmal verstehen: wie wird eigentlich Audiowerbung ausgespielt?

Also du hast verschiedene Möglichkeiten:

Es gibt Leute, die hören in ihrem WLAN Radio, dann hören sie auf dem Desktop, dann hören sie im offenen Desktop auf einer Website von einem Radiosender oder in *ITunes*. Oder sie hören auf den mobilen Geräten. Es gibt also relativ viele Nutzungssituationen, die unterschiedliche Technologien für das Ausspielen des Audio-Contents erfordern.

Und da muss man erstmal verstehen: wie wird da jetzt Werbung integriert.

Ab hier teilt FK seinen Bildschirm und zeigt parallel eine Präsentation von adsWizz

Ich hab hier mal versucht, das Ökosystem so ein bisschen aufzuzeigen.

Es gibt immer Überschneidungen und keine klaren Trennlinien, da muss man aufpassen. In unserem Fall unterscheiden wir „Linear Pure Play", das sind wirklich einfache Webradios, die nur im Web verfügbar sind, dort ihre Inhalte via Webstream zur Verfügung stellen, die *IFM* ist ein großes amerikanisches Webradio, was weltweit in relativ vielen Ländern auch als eines der ersten großen Reichweiten erzielt hat. In Deutschland ist das größte *Raute Musik* als reines Webradio, als Pure Play. Dann hat man so personalisierte Musikservices und Aggregatoren: *Spotify* zum Beispiel. Oder *radio.de* wäre auch ein Beispiel als Aggregator oder tune in.

Jetzt könnte man aber als personalisierten Musikservice auch *Soundcloud* nehmen. Den haben wir hier aber als Podcasting on demand. Das ist das, was ich meine: ob die Zuordnung so zu 100% richtig ist, ist die Frage. Das ist halt nicht ganz so scharf zu trennen.

Und hier untern ist so Over the Air – also OTA, das ist die amerikanische Bezeichnung – also die ganz normalen klassischen UKW-Sender und deren Streams, die die so anbieten: *Antenne Bayern* oder *Energy*.

Die Gegenseite, das Ecosystem, hat auch nicht den Anspruch auf Vollständigkeit, sondern soll einfach versuchen einen Überblick zu geben. Du hast halt solche Radio-Rep – meint Repräsentationsfirmen – wie *RMS* und *SpotCom*. Auch eben international: *Katz* ist die Firma für *Clear Channel* oder *I heart Media*, die übernehmen die digitale Vermarktung dort. Dann hast du Agenturen – das ist auch klar, *group m* und *Havas* – und ihr wärt natürlich auch ne Agentur in dem Fall...dann gibt es die Radiogruppen selber – also hier *iHeart* oder *SpotCom* - wobei die schon fast nicht mehr, weil sie ja mittlerweile auch andere mit vermarkten. Früher waren sie ja eigentlich für den regionalen Vertrieb eigener Radiogruppen da. Also jetzt nicht auf der Demand-Seite, den Aggregatoren, sondern die nur ihre eigenen Radios vermarkten.

Dann die Programmatic Partner müsste man eigentlich auch wieder unterteilen in *Xaxis*, das ist ein Trading Desk, der zur *group m* gehört. Trading Desk nutzt wiederum verschiedene Tools, zum Beispiel *AppNexus* – das ist eine DSP – oder die nutzen auch Daten Provider wie *Lotame*. Im Fall von *Xaxis* ist es aber so, dass die eine eigene DMP, also Data Management Plattform, haben, die heißt *herbine*. Die kombinieren sozusagen die Tools und steuern darüber die Auslieferung. Der Trading Desk ist kein Tool, es ist eigentlich nichts anderes als Menschen, die mit den Tools arbeiten und traden, also deren Business es ist – um es mal banal auszudrücken – möglichst billig einzukaufen und teuer intern weiter zu verkaufen oder an den Kunden. Und *Xaxis* – und das ist in den Agenturen absolut üblich, dass die Trading Desks im Moment einfach voll die Cash Cows sind. Die gehen daher und gucken, wie können sie möglichst extrem billig irgendwo her Inventar xy, und zwar was der Kunde gerade braucht, einkaufen, das ein bisschen mit ihren Daten veredeln. Einfach nur Traffic einzukaufen, selber ihre Datensoße drüber zu kippen und dann den Mix erstmal intern an die *group m* weiter zu verkaufen, die die Agentur für Kunde xy ist und die *group m* verkauft es dann wieder als Premium an den Kunden. Und so ist der Weg wo überall ein bisschen Kohle gemacht wird. Und der Werbekunde wird eigentlich nie erfahren, wie *Xaxis* das Inventar zusammen geholt hat. Und *Xaxis* macht daraus aber ein Bündel und zwar einen bunten Blumenstrauß, wo meinetwegen auch schon welkes Material – also ich will es nicht so negativ sagen, das ist ja positiv – also wo alle Farben zu so einem schönen Strauß gebunden werden und dann packen sie da auch noch die grünen Blätter dazu, machen noch das glitzernde Papier dran und das Schleifchen drum und so weiter und verkauft dann das ganze Blumengebinde an *group m* für einen deutlich höheren Preis, als sie das eingekauft haben.

Und die *group m* nimmt es dann wieder und im Rahmen ihrer Beratung für den Kunden und der ganzen Geschichte nehmen sie ihre ganz normalen Agenturdienstleistungen und packen das auch nochmal on Top, sodass am Ende des Tages ein ganzer Batzen auf dem Weg vom Werbekunden zum Publisher auf der Strecke bleibt. Also nicht auf der Strecke bleibt, sondern jeder nimmt sich ein Stück vom Kuchen und die Technologieanbieter, die nehmen mittlerweile auch gerade wieder im Programmatic-Teil auch ein ganz schön großes Stück vom Kuchen.

NO: Heißt das dann nicht, dass das insgesamt alles teurer wird?

FK: Sollte man, wenn man kurz drauf guckt, denken, ist aber nicht so. Wenn du dir anschaust, dass – wenn ich es richtig mache und auch überwachen kann – alles nahezu transparent ist, dann erreiche ich ja viel besser meine Zielgruppe.
Also ich habe ja über diesen Weg die Möglichkeit, tatsächlich zu steuern, dass ich nur diejenigen erreiche, die ich erreichen möchte. Und habe – wenn ich das programmatisch mache – eben auch die Möglichkeit zu gucken: wo läuft es besser. Wenn du das mit einer klassischen Kampagne vergleichst, hast du ja täglich – oder eigentlich stündlich – die Möglichkeit, auszutarieren. Und da gibt es mehrere Möglichkeiten. Viele Agenturen tarieren natürlich danach aus, dass sie gucken, dass sie das benötigte Inventar möglichst günstig wieder einkaufen jede Stunde. Also gucken, wo kriegen sie den günstigsten CPM von irgendeinem Publisher, der in dem Moment seinen Floor Price, sein Angebot, möglichst niedrig gemacht hat.

NO: Das heißt, das ganze System ist ja deutlich effizienter oder?

FK: Ja, das ist das Ziel des Ganzen. Ob der Publisher mehr raus bekommt, das ist eine andere Frage. Aber du hast immer gegensätzliche Interessen. Auf der Werber-Seite, die sagen immer: ich habe ein Budget xy und will aus dem Budget am meisten rausholen für die Marke, für das Branding, was ich vorhabe und suche mir jetzt einen Weg, wie ich dieses Werbebudget effektiv an die Zielgruppe ausliefere, die ich dort erreichen kann, beziehungsweise, die ich zu erreichen wünsche. Dafür suche ich mir ja einen Partner, mit dem ich das machen kann. Langfristig glaube ich auch, dass große Werbekunden das selber machen werden. Also auch Agenturen ihren Platz dort nicht sicher haben. Das ist ja auch eine große Angst, die die haben. Und *Google* macht das ja vor. Die machen das Werbekunden so einfach, dass Agenturen da zumindest für den Mediaeinkauf, für die Mediaplanung, unwichtiger geworden sind. Für den kreativen Part ist man natürlich schon noch zuständig, aber große Brands werden diesen reinen Einkauf-/Optimierungspart in Zukunft auch inhouse erledigen. Weil es einfacher wird mit solchen Tools.
Früher war es gar nicht möglich, da den Überblick zu haben und dann die Verhandlungen zu führen. Mittel- und langfristig ist es mit der Vereinfachung von all diesen Handwerkszeugen,

die man bekommt, möglich. Also das ist eine These von mir, die man durchaus vertreten kann. Muss man nicht, kann auch anders sagen: nein, Werbekunden wollen sich eine Flexibilität erhalten und werden deswegen das nicht inhouse, sondern es weiter mit einer Agentur halten und sich auch die Offenheit halten die Agentur zu wechseln, wenn es eben nicht mehr so funktioniert. Das ist eine andere Strategie. Und irgendwo so dazwischen ist es. Aber große Brands hatten in der Vergangenheit eigentlich immer eine Agentur - auch für den Mediaeinkauf und so weiter - und ich könnte mir vorstellen, dass sich das verändert.

Nächste Folie

Das ist das, was *adsWizz* sozusagen an Technologien anbietet und das ist aber eigentlich der komplette Technologiekreislauf, den man haben muss, um auch das Programmatische zu verstehen. Sagen wir mal außer *Audience Analytics*, das ist ein Tool wie *Google Analytics*, nur für den Audiobereich spezialisiert.

Diese Ad Insertion ist auch schon der erste Punkt. Ein wichtiger Unterschied in dem Bereich Audio ist, dass zu großen Teilen so gearbeitet wird, dass die Werbung bei dem ausliefernden Server integriert wird. Beispiel: bei einer Website ist es so, du hast HMTL und in dem HTML werden die diversen Bilder und Texte und so in eine gewissen Ordnung gebracht und da gibt es eben auch Plätze für Display-Werbung. In dem Fall sagt aber das HTML, wo die Werbung ist und wo sie in die Website integriert ist. Also ich habe die Möglichkeit, in dem Platz, wo es ausgespielt wird, etwas zu integrieren. Im Audio ist das eben nicht immer möglich. Wenn du *ITunes* nimmst. Wenn jemand *Antenne Bayern* in *ITunes* anschaltet, dann hast du eben nicht die Möglichkeit, selber in *ITunes* irgendeinen Pool zu hinterlegen. Sondern *ITunes* ist im Prinzip wie irgendein Radiogerät, das jemand hergestellt hat, das abgeschlossen ist, und wo du eben nicht beliebig sagen kannst: da sind Werbeplätze.

Der Radiosender-Stream produziert den Content einmal und schickt den zu einem CDN, einer Content Delivery, wo das Hosting von Webseiten, aber auch das Hosting von Streams stattfindet. Und der CDN ist dann der, der aus dem einen Stream, der angeliefert wird, viele verschiedene macht. Nämlich so viele wie Hörer auf der anderen Seite zugreifen auf das Programm. Und in dem CDN passiert mit unserer Technologie, also mit der Ad Insertion, dass dort die Werbung schon integriert wird. Wenn du aus Köln mit einem *IPhone* auf den Stream von Radio Köln zugreifst, löst du ja einen Request aus und dieser sagt dem Plug-In: da ist jemand aus Köln, der den Stream hören möchte. Dann guckt das Plug-In im Adserver nach: hey, ist denn für denjenigen jetzt im Moment eine Pre-Roll als Werbung da. Oder nicht? Wenn nicht, dann starte einfach den Stream, die Musik. Wenn ja, dann pack ihm diese Werbung davor. Und wenn jetzt dieses Plug-In auch noch verbunden ist mit nicht nur dem Adserver, sondern auch einer SSP und einer DSP und irgendwo dazwischen – an mehreren Stellen ist das möglich – auch ein Datenprovider – also ein DNP – Daten liefert, dann könnte die DNP wissen – obwohl du mit deinem Telefon zugreifst -, dass du schon einmal auf einer Seite von Media Markt warst, gibt diese Meldung ebenfalls weiter und das Plug-In verarbeitet das noch mit anderen Informationen. Es bietet dann einen Höchstpreis und dann muss der

Anbieter einen Floor Price hinterlegt haben. Wenn der höher ist, wird die Werbung nicht ausgeliefert. Wenn er aber darunter ist, kauft der Nachfragende diesen Werbeplatz und der Spot wird ausgeliefert. Das ist das Ganze jetzt kurz dargestellt.

Die Integration serverseitig hat den Vorteil, dass solche Sachen wie Adblocker nicht greifen. Die Werbung eben schon, bevor es überhaupt bei dem Adserver ankommt, als Content integriert ist. Das ist ja dann sozusagen ein Musikfile, das geliefert wird. Könnte ja auch ein Song sein. Deswegen kann das nicht rausgefiltert werden. Das ist wichtig zu wissen.

Das ist aber nicht in allen Fällen so. Ein Musikservice wie *Spotify* z.B., die integrieren Werbung in ihrer App. Das ist wiederum notwendig. Da ist es so: du rufst *Spotify* auf und dafür musst du angemeldet sein. Darum ist es immer gegeben, dass sie eine App haben mit einer Identifizierung und diese App kommt immer von *Spotify*. Und damit kann *Spotify* in dieser App natürlich immer Sachen integrieren, die in einem ITunes oder wo auch immer nicht zu integrieren sind. Und deswegen haben die eine Client-Side Integration. Was auch wiederum Vorteile hat, weil sie immer in der Lage sind: a) das zu beeinflussen, b) haben die den riesengroßen Vorteil, dass sie immer First Party Data haben. Also Name, Alter und meistens Kreditkartendaten. Und das sind natürlich viel viel höherwertige Daten, als du das von einem Third Party Provider bekommen kannst. Der hat das ja immer nur aus zweiter Quelle.

Das ist eh ein wichtiger Punkt, mit dem man sich beschäftigen muss: wie Werbung integriert wird und was es da für Besonderheiten gibt. Und die Vor- und Nachteile.

Das nächste, was man braucht, ist ein Adserver. Weil irgendwie muss ja diese Geschichte ausgeliefert werden. Der Adserver ist wirklich dafür da, Kampagnen auszuliefern und zwischen den unterschiedlichen Laufzeiten, Prioritäten und so weiter hochzurechnen und möglichst gleich verteilt auszuliefern, sodass auch jede Kampagne ihr Kampagnenziel erreicht. Voraussetzung ist, dass das Inventar auch ausreichend ist. Ansonsten kann auch ein Adserver das natürlich nicht machen. Und das ist im wesentlichen seine Aufgabe: aufsetzen, ausliefern und reporten.

Jeder Publisher, der Programmatic machen will, braucht einen Adserver, der die Auslieferung übernimmt. Am Ende der Kette vor der Ad Insertion muss immer ein Adserver sein.

Audiomax ist eine SSP. In der Reihenfolge ist das der nächste Schritt. SSP heißt Supply Side Plattform. Sie hat im Prinzip die Aufgabe mein Inventar, was angeschlossen ist, von allen Publishern nach gewissen Prioritäten oder Schwerpunkten auszurichten, sodass ich den größten Revenue erzielen kann, also den größten Umsatz zu generieren. Da geht es nicht um das Ausliefern einzelner Kampagnen, sondern darum, dass ich sage, ich habe verschiedene Vertriebskanäle - kann die *group m* sein, kann *Omnicom* sein, kann mein interner Vertrieb sein und alle sind verschiedene Demand Sources und ich versuche jetzt mit einer SSP entweder bestimmte Deals – feste Deals – zu vereinbaren – wo ich sage, ok, von dem Inventar, das ich habe, gebe ich der *group m* monatlich xy zu einem Festpreis. Und was da passiert, kriege ich eigentlich gar nicht mit, die Kampagnen, die da laufen, da bin ich völlig raus. Ich habe nur abgemacht, ich reserviere dir 10 Millionen Ad Impressions und du garantierst mir, dass du diese 10 Millionen zu einem Preis von xy einkaufst. Die SSP ist also dazu da, dass sie guckt, dass diese AIs immer reserviert werden. Wenn es die höchste Priorität hat. Dann kann es sein, dass es mit der nächsten Agentur nur eine Vereinbarung gibt: du kannst übriges Inventar, was da ist, zu einem Floor Price haben. Dann kann es auch noch ein Kanal sein – da sind wir bei Audio aber noch nicht – über RTB zu gehen. Der bis dahin ungenutzte Teil steht zur Verfügung und wird jetzt von verschiedenen Demand Sources – also DSP – verhandelt. Im Prinzip wird also in Sekundenschnelle versucht zu gucken nach den Targetingkriterien. Ist Inventar da, dann liefere jetzt die Impression aus. Das kann dann bei *Antenne Bayern* oder bei *Spotify* oder *Soundcloud* landen zu ganz unterschiedlichen Preisen. Hier gibt es dann verschiedene Auktionsmodelle, die im Moment aber im Radio noch nicht funktionieren. Das hat damit eigentlich zu tun, dass der erste Part, die Ad Insertion, in Real Time stattfinden kann. Das hat ein bisschen damit zu tun, wie Audio ausgespielt wird: wenn du einen Stream anschaltest, bist du eigentlich immer so 10 Sekunden hinterher, immer ein bisschen versetzt. Und in dieser Zeit wird eigentlich geguckt, wer ist womit verbunden. Das heißt, man hat immer einen automatischen Versatz. Und diesen Versatz nicht mehr zu haben und Werbung vorher präparieren zu müssen, das ist im Moment einfach noch eine technische Hürde, die an sich schon gelöst ist, aber bis sich Publisher, die auf dieser Welt damit verbunden sind, integriert haben und umgesetzt haben, das wird einfach noch ein bisschen dauern.

Dann kommt von der anderen Seite die DSP. Das ist das, woran *Spotify* oder die *RMS* auch arbeiten. Das ist eine andere Art der Mediaplanung und des Media Roll-Outs als ihr sie bisher macht. Das ist relativ leicht möglich und auch für euch eventuell ein Thema. Das ist das Gegenstück zur SSP. DSP versucht es genau anders herum: Traffic zu finden oder auszuspielen und so weiter.
Das war es erst einmal so weit. Wenn du noch Fragen hast, ruf mich gerne an.

NO: Das mache ich, vielen Dank für das Gespräch!

V. Interview mit S.B. (Director Audio Sales, Streamingdienst), M.M. (Geschäftsführer, Audio-Vermarkter) und S.K. (Head of Radio, Mediaagentur) am 16.09.2016 in Düsseldorf

MM: Also wir haben uns ja auch schon relativ lange mit dem Thema Programmatic beschäftigt. Mittlerweile sind das zwei Jahre gefühlt. Da fing das so gerade an relevanter zu werden. Wir kommen ja eher so aus der Webradio-Ecke, deswegen war es für uns natürlich naheliegend, das Thema auch auf Webradio zu fokussieren. Das ist ja auch das, was F.K. gerade mit *adsWizz* macht. Wir legen da beide den Fokus auf Webradio.

Dann gibt es noch ein paar andere Bestrebungen im Webradiomarkt, zum Beispiel *adremes*, wir haben auch ein Tochterunternehmen ausgegliedert, die *Audio C&C*, die sich auch auf diesen Bereich im Endeffekt fokussiert. Das sind so aus meiner Sicht die drei Key-Player, die so gerade diesen Markt treiben. Dann gibt es noch so ein paar Unternehmen wie zum Beispiel auch die *group m*-Tochter *AppNexus*, die auch gerade auf diesen Bereich mit aufspringen. Die kommen sage ich jetzt mal eher aus dem klassischen Programmatic, also aus dem Online-Programmatic. Und da gibt es auch noch ein paar andere Anbieter, also zum Beispiel *The Trade Desk* hat jetzt auch das Thema eingebaut... also da gibt es eben den einen oder anderen Anbieter, der in diesem Markt gerade rumtrubelt.

Meine Sache ist halt die, es gibt halt glaube ich keinen Marktschall. Es ist alles so, dass wir uns noch in einer Findungsphase befinden, es gibt ein paar Testkampagnen, aber jeder probiert da gerade so seinen Weg zu finden, aber dass so alle in eine Richtung rennen, das gibt es so de facto aus meiner Sicht noch nicht. Oder wie siehst Du das, S.?

SK: Ne, also es ist tatsächlich so, dass wir gerade in so einer Findungsphase sind. Also wir jetzt auch merken, es kommen immer mehr Tech-Player auf uns zu, die sich mit dem Audio-Thema auseinander setzen und natürlich jetzt auch mit uns in die Diskussion gehen und schauen, wie kann man da Bündelungseffekte machen, wie kann man da, sag ich mal, in so eine preffered Partnerschaft reinkommen.

MM: Also dieses Grundprinzip im Online-Bereich ist ja, du gehst weg von „wir buchen eine Platzierung beim Spiegel", sondern du kaufst ja eigentlich kontaktgenau, was du im Online-Bereich ja eigentlich eh schon gemacht hast, aber nun noch stärker, sodass eigentlich jeder Kontakt eigenhändig versteigert wird, jeder Tech-Player, beziehungsweise jede Agentur, hat dann so ein eigenes Daten-Set, womit man halt bewertet, ist das ein interessanter Kontakt für uns. Ihr als Agentur baut ja auch einen eigenen Datensatz auf, wo ihr die Leute halt übers Internet verfolgt – predicted behaviour Targeting – und sagt dann halt, welcher Kunde für welche Kampagne interessant ist. Also in diesem Programmatic Online Bereich sind halt wahnsinnige Wachstumsthemen. Einmal die Datenanreicherung, dass ich sage, ich erreiche auch nur die Leute, die ich erreichen möchte, und dann gibt es auch noch das Thema Retargeting. Ich hatte letztens noch irgendwo eine Studie gelesen, dass *Google* glaube ich 80% seines Geschäftes in diesem Realt-Time-Bidding-Bereich über Retargeting macht. Das läuft so, dass Leute eingefangen werden, die zum Beispiel auf *Zalando* waren und den Kaufprozess abgebrochen haben und die man dann nochmal einfängt und sagt „die schnappe ich mir nochmal und lenke sie auf meinen Shop".

Also das ist so gerade das Thema, wie im Online-Bereich gerade programmatisch gehandelt wird. Da gibt es verschiedene Software-Anbieter, einmal auf der Anbieterseite – das SSP – und auf der Agenturseite – das DSP. Das sind eben die Softwareoberflächen, wo man halt hingeht und sagt „ich möchte das und das bieten", dann kann ich da auch den Datensatz von der *group m* einladen und sagen „targete mir das da drauf" und habe verschiedene Möglichkeiten, Zielgruppen und sowas auszuwählen.

Die Herausforderung, die wir jetzt ganz stark im Audio-Bereich haben, ist, dass unsere Nutzung sehr differenziert ist. Die Leute hören uns nicht nur über die Website zu, sondern die hören auch über *ITunes*, über verschiedene Apps und und und. Also, wenn wir jetzt rein über diesen Audio-Bereich sprechen. Und was gerade eine große Herausforderung im Markt ist – das gabs ja auch auf der *dmexco* in den verschiedenen Panel, das hat ja auch Florian Ruckert angesprochen oder von *prex*, dieser programmatischen Tochter -, dass nur ein Bruchteil des Inventares gerade eins zu ein targetbar ist. Du kannst es eigentlich nur bei den Leuten machen, die über die Website kommen, weil die haben einen Cookie, den du auch auslesen kannst technisch, und bei allen anderen – sag ich mal bei den Webradiosendern oder Livestreams – wird's halt schwierig, die Leute einzufangen. Also du hast ein sehr sehr kleines Inventar, wo du diesen klassischen Ansatz Targeting übernehmen könntest. Jetzt gibt's natürlich so einige Player wie zum Beispiel *Spotify*, die haben natürlich den großen Vorteil, dass sie halt eigene Daten haben, aber auch bei denen gibt es auch so ein bisschen die Herausforderung, dass das klassische DSP mit *Spotify* nicht 100%ig kompatibel ist, weil bei *Spotify* alles auf ihren eigenen Daten basiert, also *Facebook*-Nutzeraccounts, alles, was sie haben, und das DSP als technisches Produkt ist meistens eher so aufgebaut, dass sie halt über Cookie-Daten arbeiten und da gibt es teilweise auch noch technische Hürden. Die gerade gelöst werden – ich glaube, *Spotify* ist ja auch schon in dem einen oder anderen DSP drin seit nem halben Jahr oder sowas, also die arbeiten auch da dran - , aber das ist bei so Playern wie *Spotify* auch nicht ganz so trivial, dass die einfach sagen können, das mache ich jetzt genauso wie im Online-Bereich.

Also es gibt im Markt halt gerade so diesen einen Trend, die sagen „wir machen das genauso wie im Display-Bereich": eins zu eins Kontakt ist das wichtigste, nur die Leute, die wir genau targeten können, wollen wir messen. Das reduziert aber das Inventar halt relativ drastisch. Bei *Spotify* kannst du noch ein bisschen mehr machen als beim Rest. Bei den restlichen Inventar-Bietern – sei es eine *RMS*, sei es uns – können wir sage ich mal so round about 10% unseres Inventars zur Verfügung stellen, was du Cookie-basiert targeten kannst. Und das ist natürlich überschaubar, was man damit so stemmen kann. Sagen wir mal wir haben 4 Millionen Hörer, davon die 10% sind 400.000 Hörer, dann legst du da auch noch ein Targeting-Merkmal drauf, dann sind wir so bei 200.000 Hörern, dann kratzen wir das von allen anderen Vermarktern auch noch zusammen, dann hast du vielleicht wenn es hochkommt eine Million an Hörern, aber es ist sehr filigran. Und dann hast du das Problem, dass sich aus meiner Sicht am Ende des Tages alle Agenturen um diesen kleinen Batzen prügeln werden, wenn sich der Trend in diese Richtung entwickelt und dann auf einmal der Preis da total in die Höhe geht, sodass es auch da keinen Sinn mehr macht, den Weg in diese Richtung einzuschlagen. Also das ist so ein bisschen meine Meinung zu diesem „wir machen das genauso wie im Online-Bereich".

Es gibt jetzt verschiedene Bestrebungen. Also *adsWizz* ist halt sehr auf diesem Online-Audio-Bereich fokussiert und was die halt gemacht haben, sie haben eine Technologie entwickelt um die Werbung ins Programm der Sender zu integrieren. Und die haben ihren Adserver an die DSP, also an die Agentursoftware, angedockt. Das Inventar, das über die Website funktioniert, das bieten sie Cookie-basiert den Kunden als Targeting an, haben aber natürlich noch 90% anderes Inventar. Wir haben jetzt auch zum Beispiel einen Test gemacht mit einer anderen Agentur, die auch über *adsWizz* lief, da haben wir Audience Packages gebildet. Da saßen wir halt dahinter und haben eine Zielgruppe bekommen, ich sage mal Männer 20-49 und haben das dann so Pi mal Daumen entsprechend einsortiert und haben diese Sender willkürlich reinsortiert und das war das, was die Agentur im DSP dann auswählen konnte. Die hatten also das Gefühl, sie targeten jetzt auf Männer. Was dahinter stand war eigentlich das, was in der Radioplanung auch schon seit Ewigkeiten gemacht wird, also eine reine Planung nach Sendern. Das hat mit dem, was im Online-Bereich gemacht wird, nicht so wirklich was zu tun.

Da gibt es halt auch von bis. Der smarteste Ansatz wäre wahrscheinlich zu sagen, wir machen es wie im Online-Bereich nur mit diesem Prozent der Nutzer, was wir haben, das ist aber extrem überschaubar. Die Erweiterung ist halt das Problem, womit wir zu kämpfen haben.

SK: Ich mach mal hier kurz nen Break.

[Allgemeine Vorstellung und Begrüßung, Smalltalk]

SK: Ok, wo wart ihr jetzt stehen geblieben?

MM: Ich hatte gerade so ein bisschen probiert, einzusortieren, wo aus meiner Sicht die Trends im Programmatischen liegen. Vielleicht kannst Du, S., das auch noch ein bisschen ergänzen. Ich hatte gesagt, dass wir da alle im Moment noch so ein bisschen am Anfang stehen und dass keine Agenturgruppe bis jetzt so den mega Weg gefunden hat. Und dass es aus meiner Sicht so zwei Bestrebungen gibt im Markt. Einmal: wir machen das so wie im Online-Bereich, das heißt, wir probieren wirklich, ein eins zu eins Targeting auf die Kontakte hinzubekommen, was ja teilweise bei den Anbietern schwer zu realisieren ist, bei euch, S., ja ein bisschen leichter als bei anderen Webradiosendern, weil ihr allein durch eure nutzerbezogenen Daten, Login-Daten und sowas, verfügt. Hatten dann gerade nochmal dazu gesagt, dass ihr es ja auch glaube ich nicht ganz so leicht hattet, in die DSPs reinzukommen, weil die DSPs ja glaube ich sehr auf Cookie-basierte Daten ausgelegt haben und ihr basiert ja euer Targeting vor allem auf eigenständigen Daten. Da hatte ich jetzt so im Markt mitbekommen, ihr seid ja seit der Pressemitteilung – also so einem halben Jahr – an einige DSPs angebunden, aber das war ja glaube ich auch noch so eine technische Hürde, die ihr gehen musstet, dass die sage ich mal aus dem Online kommenden DSPs verstehen, mit welchen Daten im Audio-Bereich gearbeitet wird.

SB: Ja, also, teils teils. Wir sind in den USA schon länger an dem Thema dran, jetzt seit einem guten Jahr. Online Audio wird da schon länger gemacht, primärer Partner ist *rubicom* Trade Desk auf der einen Seite und *AppNexus* auf der anderen Seite. Wir haben mit *adsWizz*, dem europäischen Anbieter, der auch in Deutschland sehr stark ist, anfangs zusammen gearbeitet. Die hatten aber keine richtigen SSP-DSP-Lösung, sondern eine serverbasierte Lösung. Das Problem bestand darin, dass du anders als bei einem Video-Stream oder einem Display durchgehende Ladezeiten hast. Das heißt, du darfst den Stream nicht unterbrechen, da darf keine Pause drin sein. Das hat einige Vorteile, dadurch kannst du Werbung in einem Stream nicht skippen, aber in der Auslieferung ist das dann eben schwierig, wenn dann leichter Zeitverzug reinkommt. Und da ist dann halt die Frage gewesen, was der technische Standard sein wird und man hat sich dann im Grund auf *Vast* geeinigt, das ist ein Videostandard im Grunde genommen, wo dann einfach das Bild nicht ausgespielt wird. Es gab dann auch sowas wie einen Dast-Standard. Die Informationen dazu findest du auch bei *IAB.com*. Und da gibt es ein Protokoll, das ist im Februar veröffentlicht worden. Und seit das da ist, ist die Standardisierung geschaffen, dass du auch Audio besser ausspielen kannst. Seitdem geht das erstmal in den USA ab, weil der Markt da weiter entwickelt ist und es kommt jetzt eben aber auch nach Europa. Wir hatten bei uns die Schwierigkeit, dass wir für Deutschland auch so viele Anfragen hatten, aber keinen deutschen Ansprechpartner, sondern einen Kontakt in London, der ganz Europa bedient. Und der ist im Augenblick natürlich nur unterwegs und da bleiben dann manche Sachen auch hinten mal liegen. Das ist unser Thema gewesen an der Stelle.

Mittlerweile sind wir angeschlossen, es läuft, es funktioniert, die Tests sind abgeschlossen und ab heute kann gebucht werden sozusagen.

Wir glauben darüber hinaus aber, dass es verschiedene Marktplätze geben wird. Also es wird nicht nur einen Marktplatz geben, sondern Publisher werden auf die verschiedenen Marktplätze gehen.

MM: Das denke ich auch. Also ich glaube, es wird nicht nur diese eine DSP-Lösung geben, die alle haben. Aber was ich da auch nochmal gerade sagte:
Ihr habt es da natürlich ein bisschen leichter, weil ihr bei jedem Nutzer allein schon durch die Login-Daten über sehr sehr viele Daten verfügt. Wenn man sich mal so den Rest des Marktes anschaut, wir mit unseren Webradio-Anbietern, die *RMS*, die *SpotCom*, die Livestreams...da ist es natürlich schwierig, weil ja nur ein Bruchteil der Nutzung wirklich über die Website stattfindet, darüber an ein vernünftiges Profiling an Nutzerdaten zu kommen. Weil, da haben wir sage ich mal 10% unseres Inventars, das wir Cookie-basiert zur Verfügung stellen können. Da kommst du halt relativ schnell an eine Grenze, dass man halt eine vernünftige Kampagnenmasse erreichen kann. Außer, du spielst dann 90% über Euch.

SB: 100%. Nein, andersrum betrachtet ist ein wichtiger Punkt die Qualifizierung von Daten. Das läuft über die so genannten DMPs – Data Management Plattforms. Einerseits bauen Publisher, bauen Vermarkter, eben so eine DMP auf um Leute in Nutzungsvorgängen über die Zeit identifizieren zu können. Ich denke aber auch mal, dass Agenturen – und wenn du hier auf der Mediaagneutr-Ebene redest wirst du das wahrscheinlich auch mal hören – eigene DMPs auch bauen um die Leute auch werbemittelübergreifend tracken zu können. Also wir reden jetzt hier über Audio, aber es macht ja auch Sinn, jemanden über Display oder Video zu erreichen. Und dann auch in der Customer Journey hinzukriegen: der hat auf dem und dem Portal schon zwei Displays gesehen, der hat dort ein Video bekommen, der hat dort ein Audio bekommen und jetzt brauche ich nochmal einen und dann kauft der. Das ist die Idee dahinter. Und ich vermute, dass sich das Agenturen auch beantworten, indem sie sich eigenen DSPs aufbauen, beziehungsweise eigene Anbieter nutzen, die diese DSPs dann für sie bauen. Ein so ein Anbieter ist zum Beispiel *crux*, ein Anbieter aus den USA.

MM: Das ist sicherlich die Grundvision, zu sagen: wir schaffen es weg von Belegung von Medien, sondern wir gehen in die Nutzersicht und sagen, der braucht für einen Kaufprozess zwei Display-Anzeigen, drei Video-Kontakte und vier Audio-Kontakte, dann kauft der. Das ist glaube ich so dieser Grundgedanke dahinter. Aber wie willst du das im Audio-Bereich realisieren, wenn wir die Herausforderung haben, dass wir nicht jeden mit einem Cookie markieren können. Also wie willst du sicher gehen, dass der, den ich jetzt gerade erreiche, auch der ist, den ich vor zwei Tagen mit einer Video-Ad erreicht habe. Diese Verknüpfung fehlt ja aktuell.

SB: Über Daten-Matching. Wir sind da in der Tat wieder ein wichtiger Partner, weil wir die First Party Data, die wir haben, die wir anderen zur Verfügung stellen können - Zukunftsmusik, deswegen „können" – dann auch Kontakte qualifizieren können. Und wenn man das auf *Facebook* macht, die bieten das auch an der Stelle, kannst du als Anbieter das zusammen bringen und kannst dann gucken, dass du einen Datenpool aufbaust. Und dann ist halt die

Frage: wie lange kannst du einen Nutzer in diesem Datenpool halten, wie kannst du den managen, verwalten und halten und dann eben auch mit Kontakten aussteuern. Und das ist Zukunftsmusik, aber das wird irgendwann so kommen.

MM: Wie gesagt, bei euch ist es ein bisschen leichter, und hat auch sicher mehr eine Perspektive, weil der Nutzer sich ja bei euch anmelden muss. Allein durch den *Facebook*-Account habt ihr ja schon Daten von dem Nutzer. Aber die Herausforderung ist ja im Radio-Bereich oder im Online-Audio-Bereich: da melden sich die wenigsten Leute an. Da hast du ja diese Verknüpfungsoption irgendwie nicht. Sicherlich wird es euch leichter fallen, aber die Frage ist ja, wohin entwickelt sich der Gesamtmarkt hin. Eure Nutzer melden sich freiwillig an. Wenn jetzt alle Radioanbieter sagen würden, du kannst dich nur einloggen und erst dann das Radioprogramm starten, würden die glaube ich relativ viele Hörer verlieren.

SB: Ja. Es wird darauf hinauslaufen, dass du Kriterien definierst. In den Papierkorb gesprochen. Ein Trend ist, dass alles Richtung Mobile geht. Wir sehen das heute schon, 60% der AIs, die wir ausliefern, sind mobil. Wenn du im Smartphone bist, hast du Datenpunkte im Smartphone, die du ausliefern kannst und auch DMPs sind in der Lage über Apps, die sie auslesen – weil die Datenpunkte sind verfügbar, datenschutzrechtlich bedenklich, aber wird durchaus gemacht – über das Portfolio an Apps, die auf dem Telefon drauf sind, zu entscheiden: ist das ein Mann oder eine Frau. Was für Interessen hat derjenige eventuell. Hat er die und die App geladen, hat er das und das Interesse. Das wird alles programmatisch auslieferbar sein und das wird zur Profilierung von Daten herangezogen werden zukünftig. Womit du dann im Grund genommen die Adressability gar nicht mehr brauchst, weil du wieder in Kontaktwahrscheinlichkeiten rechnest. Also auch das entsteht gerade erst.

MM: Aber da sind wir ja wie gesagt auch gerade erst am Anfang, also es wird de facto gerade noch nicht so gemacht, dass man sich anguckt, was für Apps installiert sind, oder?

SB: Es gibt die ersten Agenturen, die das machen.

MM: Ok. Woher kriegt ihr diese Daten? Zieht ihr euch die über eure eigene App? Weil, wenn ich jetzt mal denke: ein Webradioanbieter wird über eine *Radio.de*-App gehört, über eine *TuneIn*-App, der wird über ganz viele verschiedene Apps gehört, über *ITunes*, über die eingebauten Radio-Angebote...ich habe ja diese Daten gar nicht. Ich komme als Radioanbieter ja gar nicht da dran. Vorteil für euch: bei euch muss man die App nutzen, wo ihr sicherlich alleine durch die App mehr Daten generieren könnt auf dem Smartphone.

SB: Red mal mit deinem Datenanbieter, mit *adsWizz*, an der Stelle, wie du da Daten profilieren kannst. Die sind in der Lage das zu tun über die Aussteuerung. Wir reden ja über Zeiten von Tausendstel-Sekunden, also über Millisekunden, in ganz ganz kurzen Zeiträumen. Und das Matching muss so schnell funktionieren, dass Informationen hin und her fließen können. Eine Anforderung wird rausgesendet, die wird dann in einem Durchscannen der App-Punkte bewertet. Also, wenn bestimmte Apps vorhanden sind, wird die Ad ausgeliefert. Beispiel: hat jemand eine Kicker-App drauf, dann ist die Wahrscheinlichkeit, dass es ein Mann ist, relativ hoch. Nicht 100%, aber relativ hoch.

Das sind dann Sachen, die dann wirklich in Millisekunden ausgelesen werden. Das ist heute schon möglich, es gibt auch die ersten Tests dazu, jedes Telefon hat eine Kennung drin und diese Kennung wird gematcht und verwaltet. Und damit hast du eben die Kennung auf dem Telefon und nicht auf dem Nutzer. Und über diese Kennung kannst du dann eben den Datenpool aufbauen. Dieser Datenpool funktioniert über Kontaktwahrscheinlichkeiten auch wieder. Also wie in der *ma*, in der du ja keine realen Kontakte hast, sondern Kontaktwahrscheinlichkeiten, und dann lieferst du dahin aus. Aber wie gesagt sind wir in dieser Hinsicht auch unique, aber auch wir gehen ja weiter, weil wir über unser Datenmatching auch mit anderen Daten auch noch viel bessere Verknüpfungen rausholen können. Und die besser Leistung herausbringen werden.

MM: Aber um diese Daten auszulesen, musst du mit einer App auf dem Smartphone installiert sein... Weil ich sag mal der Durchschnitts-Webradio-Anbieter, da läuft ein Großteil der Nutzung nicht über die eigene App. Und damit hast du dann wieder die Herausforderung, dass der Radioanbieter die Daten nicht bekommt.

SB: Wenn ich *Radio.de* wäre, ich würde mir eine goldene Nase verdienen und mich freuen darüber...

MM: Ja, aber selbst bei *Radio.de* die Nutzung, wenn du die aggregierst, das sind ja auch keine 100% Nutzung. Da kommen vielleicht noch einmal 10% oben drauf.

SB: Genau das ist der Punkt. Es geht um Teilnutzung, es geht um Stichproben, die du hochrechnest. Du brauchst nicht 100% der Nutzung zu haben zukünftig.

MM: Aber sag ich mal um diese Daten auszulösen, das sehe ich halt ein bisschen als Herausforderung, wo ich mir auch die Frage stelle: ist das auf Dauer realistisch lösbar. Ob das wirklich funktioniert, dass man genügend Daten über die Nutzer erhält. Klar, ihr seid zu 100% über eure eigene Software nutzbar, bei den Radiosendern ist das ja eher weniger der Fall. Du hast *Radio.de*, du hast *TuneIn*, du hast *ITunes* und und und.... Und dann müsste man mit all diesen Anbietern sprechen und darauf hoffen, dass man diese Daten bekommt. Weiß ich nicht, ob du da genug Nutzung für aufbauen kannst, dass es funktioniert.

SB: Also die Frage ist ja auch mit würde ich mal sagen: die Nutzung gerade liegt bei 10%. Wenn du auf 50% kommst, ist ja schon einmal eine deutliche Steigerung erreicht. Dann muss man im Zeitablauf gucken wie weit man das nach oben bringen kann. In der Art und Weise, wie Radio, UKW-Radio, heute funktioniert, hast du eine Gießkanne. Du strahlst einen Spot in der Super-Kombi in Deutschland aus und hast alle Privatradiosender, hast dann irgendwie 13 Millionen Kontakte in der Durchschnittsstunde und da sind dann mal die oder die Personen drin, aber jeder hört es. Das digitale Radioprinzip ist eben Eins-zu-Eins-Kommunikation und eben ganz gezielte Kommunikation. Wenn du also von 100% Gießkanne auf 50% Trefferquote kommst, hast du schonmal einen ersten Erfolg. Das ist so der erste Punkt, den ich dazu anmerken würde.

Wenn du dann irgendwann über Profilierung von Daten die 50% auf 70% steigern kannst, bist du schon ganz viel weiter als viele andere. Weil in der digitalen Welt – Display – ja auch nur eine Kontaktwahrscheinlichkeit garantiert wird. Da wird ja auch keine 100%ige Trefferquote garantiert. Anders kann ich mir nicht erklären, dass ich immer noch Damenbinden-Werbung sehe im Display-Bereich.

MM: Ja wie gesagt, was ich halt so ein bisschen als Herausforderung für die reinen Webradio- und Livestream-Anbieter sehe, ob es denen gelingt über ihr Inventar genügend Daten anzureichern. Da möchte ich mal ein Fragezeichen hinter setzen. Wir hatten diese Diskussion ja auch schon in verschiedenen Runden und wenn man *Radio.de* dazu bringt, uns diese Daten zu liefern, kommen vielleicht noch einmal 10% der Nutzer abdecken, aber wir unterhalten uns hier immer noch über einen Bruchteil der Nutzung vom Inventar, das wirklich im Endeffekt über diesen Weg entsprechend darstellbar ist. Das ist halt so die Frage.

Deswegen sagte ich ja, entwickeln sich aus meiner Sicht gerade so zwei Themen: einmal das, was du ansprachst, diese Eins-zu-Eins-Ansprache, wie man es aus dem Online-Bereich kennt. Und, was für mich aktuell auch noch eine Frage ist, was wir ja auch mit unserem Tochterunternehmen diskutieren: wie kann eine programmatische Lösung für den UKW-Bereich aussehen. Weil dann wird es auch für uns stärker spannend. Klar, wir sind alle in unserem Online-Audio-Sektor und da sind wir auch alle stolz drauf, dass sich der Markt so entwickelt. Aber er ist halt doch noch überschaubar. Ein Großteil des Geldes, was im Audiobereich investiert wird, fließt Richtung UKW. Und da ist halt auch die Frage: wie kann man das entsprechend effizienter gestalten.

SB: Nochmal kurz, um es dir hier zu zeigen: Du hast hier im Telefon unter den Einstellungen – *IPhone* oder *Android* ist egal – eine Kennung auf Werbung und darauf kannst du die Telefone eben targeten. Du kannst dann den Match machen – das ist auf den Apps auch drauf – du musst also keine eigene App drauf haben, du brauchst nur einen Anbieter, dessen App du kennst.

MM: Genau, also sage ich mal, man müsste mit *Radio.de* einen Deal machen, dass *Radio.de* bei Abruf des Streams diese Kennung mit übergibt. Das machen sie de facto aber gerade noch nicht.

SB: Können sie noch nicht.

MM: Wenn ich über die *Radio.de*-App einen Stream oder einen unserer Sender starte, kriege ich nur die Frage: IP-Adresse xy möchte gerne Radio hören. Und diese Daten senden wir hin und da kriege ich keine Rückmeldung. Das höchste der Gefühle ist: das ist ein *Apple*-Gerät. Aber du kriegst jetzt eben nicht die ID des Telefons übergeben. Und da müsste man entweder mit *Radio.de* sprechen, dass die so etwas mit übergeben, aber das ist genau die Frage, ob *Radio.de* da so die Vormacht hat, dass das ausreicht.

SK: Aber wie geht denn da eine *RMS* mit um? Die jetzt sagen, sie sind der größte Anbieter nach *Spotify*, die werden ja die gleiche Datenproblematik haben.

MM: Ja haben sie auch.

SB: Natürlich. *RMS* hat versäumt, das Thema DMP frühzeitig anzugehen. Will jetzt gar nicht auf die alten Zeiten zurückgehen. Sondern man hat inhaltlich in den letzten zwei Jahren versucht bei der *RMS* eine Ausgliederung dieser Abteilung hinzubekommen und hat darüber inhaltlich Themen komplett vergessen. *RMS* hätte eine DMP aufbauen können, hätte versuchen können über alle Sender schon einmal den Datenpool zu vergrößern. Es ist nicht gelungen bis dato, ob es noch kommen wird: keine Ahnung.
Damit ist das, was M. sagte, richtig: je größer der Datenpool, desto besser. Wenn ich jetzt eine andere Ebene nehme, vom Publisher mal weggehe auf die SSP und DSP Seite, dann werden die SSPs und DSPs am erfolgreichsten sein, die am meisten Geschäft bündeln. Also *AppNexus* wird ein Nadelöhr werden, weil sie so unglaublich viele Leute bündeln. Und jetzt gehe ich mal von Audio ganz kurz wieder weg. Wenn jemand einen *kicker*-Stream nutzt und das eben über *AppNexus* läuft, dann wird auch eben diese Nummer hier bekannt gegeben, dann wird auch das Telefon kennbar gemacht. Und das kann ich wiederum tracken über die EMI. Und dann, wenn ich auf Audio gehe, habe ich aber die Referenz des Telefons und kann daraus eine Wahrscheinlichkeit berechnen, dass die Person der und der ist.
Und deshalb ist es in meinen Augen völlig schwierig, das immer nur isoliert auf einen einzelnen Kanal zu sehen. Sondern man muss es eben auf die gesamte Summe sehen. Wir bieten bei uns ja auch nicht umsonst Display, Video und Audio an. Und es geht immer darum, dass du Datenpools aufbaust, die aktualisierst, und trotzdem immer noch neue Nutzer reinbekommst und diese Pools, die du hast, qualifizierst. Das kannst du immer noch machen. Und dann hast du irgendeinen Partner nachher, ob das *Adidas* oder ein Autohersteller ist...ich

nehm das jetzt mal als Beispiel. Also du hast einen Autohersteller und der bietet für seinen After-Sales-Bereich – also, wenn du irgendwie Produkte fürs Auto kaufen willst – eine App an. Diese App gibt er bei seinen Nutzern an und dann kannst, wenn du programmatisch Werbung machst zukünftig, du schauen: a) in welcher Nutzungssituation ist die Person gerade, ist die an nem stationären Gerät, an nem mobilen Gerät, hat die Person diese App geladen – wenn der Hersteller dir die Infos gibt, kannst du das sehen – und dann kannst du entscheiden. Wenn er zum Beispiel am Desktop sitzt, weißt du, er ist nicht so weit weg, der kann eine Video-Ad bekommen. Der mobile Nutzer hingegen kriegt eine Audio-Ad. Du kannst dann aber auch anders herum – wenn du weißt, dass es diese Apps gibt – sagen: ich bin *BMW* und will alle angreifen, die einen *Mercedes* haben. Also: hat der ne *Mercedes*-App drauf? Du musst halt die Kennung haben. Das macht programmatisch so spannend, weil du in der Zielung unglaublich schnell bist – in Millisekunden –, es alles jetzt verfügbar hast und dann rausgehen kannst. Und deshalb kommt den SSPs und DSPs eine so unglaubliche Rolle zu. Die sind das Nadelöhr, da müssen alle durch.

MM: Also klingt alles spannend, aber ich möchte mal ein großes Fragezeichen dahinter setzen, ob das im Audio-Bereich so technisch realisierbar ist.

SB: Kann ich dir aktuell nicht sagen, ich bin kein Experte, was Technologie angeht, aber das ist die Zukunftsmusik, die überall gebaut wird. Und hier auch gesunden wird. Einige haben das noch gar nicht mitbekommen, aber die anderen im Markt haben das schon gesehen.

MM: Genau, weil wir uns auch schon sehr intensiv mit der technischen Seite beschäftigen. Wir treten ja nicht nur als Vermarkter auf, sondern wir haben ja auch eine enorme technische Kompetenz bei uns. Wir arbeiten ja auch nicht mit *adsWizz* zusammen, sondern das läuft ja alles auf unserer eigenen technologischen Basis. Insofern haben wir einen relativ guten Einblick darüber. Und ich bin bei dir, dass das alles theoretisch geht, aber die Herausforderung wird sein ab dem Moment, wo die Werbung ausgespielt wird, an die ID des Telefons zu kommen. Und das ist nicht so einfach, dass ich sagen kann „hey, gib mir mal die ID". Sondern du musst auf das Smartphone drauf, du musst da ne App haben... und und und. Und das ist die Frage an der Stelle, wie kommen die Radiosender da hin, dass ein Großteil ihrer Nutzung über die eigene App läuft. Es gab ein anderes Beispiel...

SB: Aktuell kommen sie da gar nicht hin.

MM: Genau! Das ist halt die Herausforderung. Wenn du dir mal anschaust, über wie viel Inventar verfügen gerade die Radiosender. Ich bleibe jetzt mal rein im Online-Audio-Bereich. Was sie wirklich eigenständig targeten können, das ist ein Bruchteil. Wir haben es mal hochgerechnet. Ungefähr 10% der gesamten Nutzung, wo ich davon sprechen kann. Wo ich über IDs, über Cookies gehen kann und und und. Das bedeutet, 90% des Inventars der Radiosender aktuell läuft so, dass ich es halt nicht targeten kann. Und das ist halt die Frage, ob ich dann im Endeffekt genug Inventar zur Verfügung stellen kann. Ich weiß nicht, ob ihr da dabei ward bei der Test-Kampagne für einen großen Fast-Food-Kunden, wo ja auch nach der Art getargetet wurde. Und ich kenne ja die Zahlen, wie viel Nutzer da dabei waren und das war auch überschaubar, wer da wiedergefunden wurde. Und ich bin bei dir, wenn das alles so technisch geht, klar, klingt das gut, aber die Herausforderung wird halt sein, ein großes Inventar technisch so targetbar zu machen, dass das funktioniert. Wenn man sich ein bisschen mit den technischen Hürden beschäftigt, kommst du halt schnell an einen Punkt, wo du sagen musst, eigentlich muss die Nutzung über die eigene App stattfinden. Da seid ihr im Vorteil, weil das passiert bei euch. Bei den Radiosendern ist das eben nicht der Fall. Man kann dann zum Beispiel Koops mit *Radio.de* eingehen. Aber *Radio.de* hat nicht 90% der Nutzung auf dem Smartphone. Und das ist die Herausforderung, der wir im Markt begegnen müssen.

SB: Wir reden jetzt gerade sehr kleinteilig, aber das ist ja vielleicht auch ganz gut. Das ist ja auch ein Grund, warum der deutsche Radioplayer sich gegründet hat. Die haben einerseits das strategische Ziel, als Radioplayer in die Autos rein zu kommen um eine Schnittstelle zu werden übers Auto. Aber dann bist du einer von 400 Sendern und hast eine sehr sehr niedrige Sendernutzung. Ist halt besser, als gar nicht drauf zu sein, aber das ist halt so ein Thema. Der andere Punkt ist der, dass wenn du einen deutschen Radioplayer hättest und alle würden sich vermarkten lassen, dann könntest du das entsprechend aggregieren und hättest eine Bündelung.

MM: Genau, das ist das, was ich meinte. Wenn du die Leute wirklich dazu bekommst, ihren Radiokonsum nur noch über Radioplayer stattfinden zu lassen, dann bin ich wieder bei dir. Dann kannst du über die Radioplayer-App die *Kicker*-ID auslesen oder gucken, hat der eine X-App drauf oder was auch immer. Dann kannst du das alles machen, aber das sind halt so diese technische Hürden, mit denen wir zu kämpfen haben. Da geht es nicht nur um technische Innovationen, sondern wir müssen auch das Nutzerverhalten ändern. Wir haben das z.B. mal bei einem Sender gehabt – *di.fm* aus den USA, ist ja auch ein relativ großer Sender -, der versucht hat, seine Nutzer dazu zu zwingen, sich einzuloggen.

SB: Keine Chance...

MM: Ne, der hat einen Großteil seiner Hörer verloren in dem Monat, in dem er sie dazu gezwungen hat. Dann hat er es wieder abgeschafft.

SK: Aber gibt es denn in den USA nicht irgendwelche Methoden, wo die User freiwillig ihre Daten geben? Da gab es doch mal sowas oder? So Anreizsysteme...

MM: Genau, du kannst es halt so über Gewinnspiele und so ein Zeug machen. Das Prinzip ist, du bringst die Leute halt irgendwie dazu, ihre Daten bei dir zu lassen. Aber auch da müssen wir uns nichts vormachen, das macht nur ein kleiner Teil der Nutzer.

SK: Ja nicht nur das, sondern auch so Mehrwerte schaffen, dass die zu Konzerten Rabatte bekommen und sowas. Also dass du so mehr in der Interaktion mit denen bleibst.

MM: Wenn das Ziel wirklich ist, wir wollen die Leute eins zu eins ansprechen, was man im Online Audio Bereich hinkriegt, im Radio Bereich wird das ja eher schwierig. Aber im Online Audio müssten wir die Leute dazu bringen entweder unsere eigene App zu verwenden, über die Website abzuspielen, sodass du über die Cookies gehen kannst, oder sich irgendwo anzumelden. Das sind so diese drei Themen, wo man die zu bringen könnte.

SB: Ja, aber ich würde es nicht absolut sehen an der Stelle und ich würde auch den zeitlichen Faktor mit berücksichtigen wollen. Wenn ich mir das Ziel von Mediaplanung anschaue, dann ist es eine Kontakt-Adressierung zum richtigen Zeitpunkt am richtigen Ort in der richtigen Situation an die richtige Person. Wenn ich in der heutigen UKW-Welt bin, dann kann ich zumindest auf die Zeit Einfluss nehmen. Das ist eben das Gießkannen-Prinzip, von dem ich gesprochen habe. Wenn ich jetzt von diesem Fundament aufbauend sage, die nächste Stufe wäre, ich habe eine Kontaktwahrscheinlichkeit auf Männer und Frauen, dann geht das wie eine Treppe nach oben. Es schachert sich aber immer irgendwo auf. Und ich hab dann vielleicht das letzte Drittel, das sind die profilierten Daten, die ich habe. Das können dann eben auch *Spotify*-Daten sein und das ist dann eben auch die wertvollste Veredelung von Kontakten im Grund genommen mit denen ich die Leute am spitzesten erreichen kann. Ich weiß nämlich ganz genau, wen ich dann da habe. Und ich kann auch die Nutzungssituation darstellen, ich kann die Leute in den entsprechenden Modi abholen. Wenn sie beim Laufen sind, kann ich ihnen eine Sport-Ad geben, wenn die ne Playlist hören wie „Kochen", dann weiß ich, dass sie gerade in der Küche stehen und ein Einzelhändler ist vielleicht der richtige Adressat und so weiter...
Das heißt, ich habe eine gefächerte Staffelung der Kontaktqualitäten und das muss ich eventuell auch in meine Planung einrechnen. Das heißt, ich habe eine Basis, das ist dann die klassische UKW-Buchung. Die hat dann einen gewissen Preis x und habe dann noch eine Staffelung und die ergibt dann den Preis y. Und dann habe ich es wie bei einem Fachzeitschriften-Titel, dass ich eine ganz spitze Zielgruppe erreiche, habe ich dann nachher einfach gestaffelt höhere TKPs. Wenn ich das dann in der programmatischen Welt innerhalb von Millisekunden ausbauen kann, dass ich anfangs nur eine Vorgabe habe, was suche ich denn und am

Ende optimiere ich dann die Kampagne on the Fly. Das ist dann das, was ich als Zukunfts-musik bezeichnen würde. Die Frage ist, wann werden wir so weit sein, das zu haben. Ein Jahr? Nein. Zwei Jahre? Ansatzweise. Drei Jahre würde ich sagen: wahrscheinlicher.

MM: Da bin ich voll bei dir. Was ich halt überlege ist, wenn ich quasi irgendwo ein Inventar habe, was ich targeten kann, dann werde ich das wahrscheinlich auch nutzen. Weil das wäre doof, es nicht zu tun. Außer der TKP geht in der Planung so hoch, dass ich sage, ich nehme den Streuverlust mit, das ist mir günstiger. Das wäre der einzige Grund, warum ich mir vor-stellen kann, es nicht zu tun. Aber deswegen arbeiten wir ja auch zum Beispiel mit *adsWizz* zusammen und gucken, dass wir das vorhandene Inventar über *adsWizz* teilweise und die DSPs anbinden. Zum Beispiel an *The Trade Desk*. Und sagen, wir haben 10% unseres Inven-tars, was wir Cookie-basiert datieren können und das binden wir da an. Da kann man dann halt auch kleinteilig werden.
Aber was wir aktuell halt auch gesehen haben ist, dass das Inventar, wo du das wirklich ma-chen kannst, extrem überschaubar ist.

SB: Noch.

MM: Klar, noch. Das kann man ausbauen, indem man mit *Radio.de* spricht und und und... Deswegen probieren wir auch so ein bisschen, einen anderen Weg einzuschlagen: selbst wenn du 100% des Inventars im Audio-Bereich programmatisch handelbar kriegen würdest – in einer optimalen Welt, wir zwingen jetzt alle Leute, sich anzumelden, alle nutzen nur noch unsere Apps – haben wir wahrscheinlich immer noch nicht genug Reichweite, um da-mit eine Monokampagne zu starten. Also auch im UKW-Bereich muss ja irgendwie was passieren. Und da kommen wir halt nicht zu einer Eins-zu-Eins-Ansprache. Deswegen denke ich halt – wie du richtig sagst -, dass die Mediaplanung in Zukunft ein bisschen differenzier-ter sein wird. Dass du sagst, ich nehme meine genauen Kontakte mit da, wo es geht, dann habe ich noch eine Basis-Belegung, wo ich vielleicht programmatisch UKW einbuche, da habe ich zwar keine Eins-zu-Eins-Ansprache, aber es ist besser als jetzt, dann habe ich noch 3 bis 5 Sender, die gar nichts machen, da buche ich dann noch normal ein. Wahrscheinlich sind die dann unten aber die Verlierer des Marktes, weil die am schlechtesten steuerbar sind und wo ich mir nur noch den Rest einfange, den ich über die anderen nicht bekomme.

SB: To be discussed. Und ich glaube, das sind nachher Optimierungsszenarien, die jede Agentur dann auch für sich selber darstellen muss. Und ich glaube auch, dass die Verknüp-fung dann über die Gattung, wie wir das heute kennen, fließend sein wird. Das bedingt ganz viele Veränderungen auf beiden Seiten.
Unternehmen müssen sich darauf einstellen, es geht nicht mehr darum, Kontakte auszusteu-ern und Personen zu adressieren, es geht darum, Daten über Personen zurück zu kriegen. Das

ist ein wichtiger Punkt. Und Agenturen müssen sich darauf einstellen, indem die klassischen Wege – ich nenne euch jetzt mal ein Silo an der Stelle - , dass diese Silos – die eigenständige Unit Audio, die eigenständige Unit TV – anfangen miteinander zu verknüpfen, ihre Daten auch zu verknüpfen. Und Publisher müssen sich darauf einstellen, dass es eben nicht nur eine Gattung gibt und dass sie eben auch einfach einen Kooperationspartner finden müssen. Das sind dann technische Dienstleister, die in allen Bereichen irgendwo ihre Hände drin haben. Und deswegen ist diese ganze Digitalisierungsgeschichte gerade so kompliziert und komplex.

Ich bin jetzt auf der *dmexco* wieder mit Anbietern konfrontiert worden, die heißen Scheiß anbieten, den ich nicht ansatzweise verstehe, weil ich den Namen gar nicht mehr kenne. Einmal durch Halle 6 gehen und gucken, was da so unterwegs ist. Alles Black Boxen.

MM: Aber ich glaube dieser Schritt, wir verknüpfen Medien miteinander, ist der letzte. Ich glaube, der erste Schritt ist erstmal zu sagen, wir müssen in unserer Gattung Ordnung schaffen. Wir müssen es hinkriegen, unsere Nutzer zu targeten, was ja gerade die Herausforderung ist. Ist dann halt die Frage, ob wir es dann noch hinkriegen, es mit Video zu verknüpfen. Erstmal musst du ja überhaupt ne Möglichkeit haben, diesen Nutzer wieder zu finden.

SB: Also mich würde an dieser Stelle jetzt mal die Sicht der Agentur interessieren. Wo ihr an der Stelle bei der Profilierung von Daten steht. Ob ihr genau dieses Thema in den Szenarien so aufgezeichnet habt oder ob ihr sagt, dass ist alles zu komplex, wir machen jetzt erstmal das operative Geschäft.

SK: Also wir stehen da auch gerade erst am Anfang und es ist tatsächlich der Punkt, dass wir sagen, wir machen erstmal das operative Geschäft und dann geht es nach und nach weiter. Deshalb treffen wir uns jetzt auch alle. Weil gerade im Audio-Bereich ist das ein ganz neues Thema. Aber du hast vollkommen recht – und darüber wird auch schon gesprochen -, dass wir die ganzen Sachen wie Adressable TV – der nächste große Hype – und auch Adressable Radio, dass wir dieses Silo-Denken immer weiter aufbrechen, weil man die Medien auch alle zusammenbringen muss. Und ich glaube, das wird schneller kommen als man aktuell jetzt denkt.

SB: Die ganze Thematik, über die wir hier reden, hat ja immer noch eine datenrechtliche Komponente aktuell. Da ist man in Deutschland sensibler als in anderen Ländern. In den USA ist das anscheinend überhaupt kein Thema. In Deutschland ist halt immer die Frage, wem die Daten gehören. Und: wer darf die Daten nutzen. Das ist die zweite Frage dahinter. Wir zucken da ab einem gewissen Punkt auch zurück. Wenn es nämlich in den Bereich local Targeting, also Geotargeting, reingeht. Optimalerweise bist du in einem *Aldi*-Markt und dann erkennt *Aldi* irgendwann und du bekommst eine Benachrichtigung mit Angeboten. Das kann datenrechtlich ganz ganz bedenklich sein.

MM: Finde ich als Nutzer gut, dass man das nicht darf. Ich fände es spooky, wenn meine App die ganze Zeit an euch funkt. Technisch ist das wahrscheinlich möglich...

SB: Ja, es ist bedenklich. Deshalb ist eben auch die Frage: wie geht man mit dem Thema Daten um? Und wenn das zu bedenklich ist in der Art und Weise, wie ein Unternehmen das macht, dann ist das kein Geschäftsfeld in Deutschland. Alle scheuen sich im Moment dieses Thema auch mal richtig in die Hand zu nehmen, obwohl es Anbieter gibt, die das tun. *Adsphere* zum Beispiel. Aber alle warten darauf, dass mal ein Urteil kommt. Dass jemand klagt und dass es mal ein Urteil dazu gibt, damit es Rechtssicherheit gibt. Wenn das passiert, dann könnte wahrscheinlich auch mal anders damit umgegangen werden.

NO: Und wenn es nicht passiert?

SB: Dann wird es irgendwann mal wohl einer provozieren nehme ich mal an. Aber aktuell meinen sie alle, dass es ganz gut ist, dass es kein Urteil gibt, weil dann kann man ja erstmal so weiter machen wie bisher.

MM: Aber um jetzt nochmal ein anderes Beispiel zu nennen. Alle sagen, wir machen jetzt nur noch eins zu eins. Ich sehe da halt noch ein paar Hürden auf uns zu kommen. Wenn wir jetzt zum Beispiel den TV-Bereich nehmen. *Pro7* hat ja mal angefangen, regional ihr Programm runter zu brechen. Das war ja mal deren Idee, weil sie über den Kabelnetzbetreiber ja sehen können, wo der Nutzer herkommt und darüber dann theoretisch Werbung regional aussteuern können. Das hat jetzt natürlich nicht viel mit programmatisch zu tun, ist aber schonmal besser, als den Spot national laufen zu lassen. Was da halt passiert ist: erstmal gab es große Klagen der Radioanbieter und Presseanbieter, die gesagt haben, dass ihnen jetzt auch noch die regionalen Kunden von TV weggenommen werden. Damit sind sie nicht durchgekommen und dann hat die Lobbyarbeit angefangen. Mittlerweile gibt es ein Gesetz, das es *Pro7* verbietet, Werbung regional runter zu brechen. Und wir unterhalten uns jetzt hier über gesamt NRW und nicht eine Person in NRW, die angesprochen werden soll. Selbst das dürfen die nicht mehr. Das bedeutet, das einzige, was wir jetzt im TV-Bereich machen ist, dass wir in die SmartTVs gehen und darüber die Leute ansprechen. Das heißt quasi über den Fernseher eine Ad einblenden, weil es dann wieder nicht vom Rundfunkstaatsvertrag her erhoben wird. Also da gibt es auch teilweise rechtliche Hürden einfach, wo man sagt: technisch kriegen wir vielleicht keinen eins zu eins Kontakt im Radio oder TV hin, aber zumindest einen anderen Spot an die Leute aus NRW zu senden. Für eure Bierkunden zum Beispiel. Das ist ja schonmal ein Riesen-Fortschritt. Und dann in Hessen das gegen einen anderen Spot und anderen Kunden auszutauschen.

Selbst da gibt es technische und rechtliche Hürden. Deswegen setze ich da ein Fragezeichen hinter, ob morgen alles nur noch eins zu eins adressiert wird. Ich glaube nicht.

SB: Nein.

MM: Also da wird ein Markt sein, der sich sicherlich auch entwickeln wird. Aber wir müssen uns auch noch dir Frage stellen, wie kann man da vielleicht so Zwischenschritte finden. Weil das, was du jetzt da gerade skizziert hast, ist ja das Perfekte. Wir targeten alle Mediengattungen, wir targeten eins zu eins...aber für die Leute gibt es vielleicht bessere Möglichkeiten, die irgendwo dazwischen hängen. Besser als das, was wir aktuell machen, aber vielleicht auch nicht dieser eins zu eins Kontakt.

SB: Also ich würde es gar nicht mal als die beste Variante sehen, sondern eher als die technisch machbarste oder die technisch ausgeklügelste Variante. Und dazwischen kommen eben verschiedenste Szenarien rein.

Wir haben jetzt gerade – oder ich habe mich jetzt gerade über das ausgelassen, was Zukunftsmusik ist, was sein kann...und die Frage ist jetzt, aus der jetzigen Position natürlich: was sind Beförderer davon und was sind Limitierer davon?

Und das müsstest du in deiner Arbeit womöglich auch mal auflisten: Szenario a könnte sein, die rechtlichen Belange werden höher eingeschätzt, es wird also nicht alles, was technisch möglich ist, umgesetzt, sondern nur 70%. Das ist eigentlich das, was man als Hypothese aufstellen könnte, verfolgen könnte und dann eben verifizieren oder falsifizieren könnte. Und das ist im Grunde genommen das, was das spannende Szenario ist: wie realistisch ist denn die eins zu eins Musik von Minority Report, dass du Werbung bekommst mit einem Avatar, der zu dir spricht. Das ist das, was die Amerikaner ganz geil finden.

MM: Du meinst halt, da gibt es gewisse Hürden. Hürde Nummer eins: geht das überhaupt rechtlich. Hürde Nummer zwei: geht das überhaupt technisch, kriegen wir das getargetet und und und.

SB: Und das dritte ist: nehmen Nutzer das an? Das ist eigentlich die zentrale Frage an der Stelle.

MM: Klar kann das die Vision sein. Ich frage mich halt nur, ob das realistisch ist, dass wir morgen da stehen, dass das so aussieht. Weil da sehe ich halt einige Herausforderungen, die da im Markt auf uns zu kommen. Auch wenn ich die USA anschaue, die uns ja einiges voraus haben, auch da gibt es keine eins zu eins Ansprache aktuell. Im Audio-Bereich. Da wird auch nur mit Wasser gekocht, da ist ja keine Riesen-Innovation, die man jetzt adaptieren könnte. Die sind zwar schon ein bisschen weiter, aber...

SB: Die Amis sein einfach schon deutlich weiter an der Stelle, weil sie auch deutlich mehr Volumen, das heißt Geld, in dem Thema haben. Das heißt Unternehmen, als Publisher, haben schonmal eine deutlich bessere Chance, sich stärker zu refinanzieren und noch stärker in diesen Bereich zu investieren. Das ist ein Punkt. Und Entwicklung treibt da eben auch die Nutzungs- und technische Umsetzungsmöglichkeit voran. Amerikanische Nutzer sind viel aufgeschlossener und nutzen dann eben auch die Möglichkeiten der Digitalisierung viel stärker als in Deutschland beispielsweise. Deutschland ist der größte CD-Markt nach Japan weltweit. Eine Überalterung der Bevölkerung und eine tradierte Haltung zu ganz vielen Dingen, was auch eine verlangsamte Medienveränderung bedeutet. Das siehst du eben daran, wenn der CD-Markt der größte ist, das passt in eine digitale Welt so eigentlich gar nicht rein. Die Relevanz von Streaming steigt auf jeden Fall. Aber wenn du die deutsche Zahl – das sind 24% - jetzt mal matchst mit Skandinavien, England, USA...da sind wir hoffnungslos hinten dran an der Stelle.

MM: Wir haben ja jetzt die ganze Zeit über den Online-Audio-Bereich gesprochen, indem wir uns ja auch alle aktuell maßgeblich mit unseren Unternehmen bewegen. Was wir bis jetzt ja komplett außen vor gelassen haben, ist der UKW-Markt. Wo ja ein Großteil der Nutzer ist, wo ein Großteil des Werbegeldes hinfließt. Das ist ja auch ein Thema. Klar, man kann alles dahin entwickeln und da haben wir dann irgendwie im Idealfall für 100% des Online-Audio-Inventars irgendwann mal perfekt adressierbare Lösungen. Das ist ja auch das, auf was wir gerade setzen und die Gespräche führen mit den DSP-Anbietern – *The Trade Desk*, *AppNexus* –, die ja alle aus dem Online-Bereich kommen. Und die verfolgen ja eigentlich genau diesen Weg der Eins-zu-Eins-Adressierung. Was wir ja parallel auch noch machen – und wo auch *adremes* hingeht – ist zu sagen, können wir nicht auch im UKW Bereich programmatische Lösungen adressieren. Der erste Schritt dafür ist das Thema Automatisierung. Weil aktuell ist es ja teilweise bei den Sendern so, dass die Spots manuell eingebaut werden und dann auch 2 bis 3 Tage brauchen, weil dann irgendwie ne mp3 von der *RMS* per FTP-Server an den regionalen Vermarkter gesendet wird und von da geht's weiter an den Sender... also das dauert ja teilweise 2 bis 3 Tage, bis der Spot vom Kunden beim Sender ankommt. Und da kannst du halt nicht über programmatisch sprechen.
Und da ist halt gerade *adremes* dran, da haben die auch mit den Radiosendern aus dem Bayern Funkpaket jetzt einen Deal geschlossen, wo sie erstmal den ersten Schritt machen und den Prozess automatisieren.
Und an was wir halt gerade noch arbeiten ist: wie bekommen wir den UKW-Bereich programmatischer? Weil eins zu eins bekommen wir nicht hin. Wir können ja schlecht über *1Live* einen Spot laufen lassen, der nur Leute erreicht, die 35 sind und gerade einen Ge-

brauchtwagen brauchen. Da sind wir noch nicht. Da müsstest du in die Autoradios rein und irgendwie was verbauen. Kann sein, dass das mal kommt, aber nicht nächstes Jahr. Und deswegen haben wir uns die Frage gestellt, ob wir nicht die UKW-Werbung erstmal dadurch anreichern können, das wir die ganzen Third-Party-Daten, die da draußen sind, anreichern. Zum Beispiel Wetterdaten. Das macht jetzt zwar einer bei der *RMS* schon, aber das läuft im Wesentlichen manuell. Thema Staudaten. Sowas kann man ja auch einfließen lassen. Dass du reingehst und sagst, wir werben immer nur dann, wenn Stau ist. Das ist zwar für die Onliner, die programmatisch schon alles können, kein Riesen-Gewinn, aber für den Audio-Bereich ist das ein Riesen-Schritt vorwärts, wenn man bedenkt, wie die Mediaplanung da aktuell abläuft. Das ist ja sehr statisch, weil euch ja einfach die Daten nicht zur Verfügung stehen. Und daran arbeiten wir halt parallel. Neben dem, dass wir auch probieren, den eins zu eins targetbaren Bestand aufzubauen, wo wir ja auch mit *AppNexus* und *The Trade Desk* zusammen arbeiten.

Und eben eine Lösung zu finden, wie wir dieses ganze UKW-Inventar – und das ist nunmal eine ganze Menge – noch besser belegbar zu machen. Da werden wir nicht zu einer Eins-zu-Eins-Ansprache hinkommen, aber zumindest können wir da nach Stau oder nach Wetter targeten. Wir arbeiten ja auch daran, die Radiohörer-Nutzung neben der *ma Radio* durch eine eigene Echtzeitmessung, eine Radio-Uhr, abzufragen um weitere Indizien zu haben, wie die Radionutzung in der Realität aussieht. Daran arbeiten wir halt auch um mal weitere Möglichkeiten überhaupt aufzubieten um überhaupt erstmal über eine Echtzeit-Optimierung im UKW zu sprechen. Das sind halt auch so ein paar Baustellen, an denen wir parallel arbeiten.

SB: Dadurch, dass wir 100%ig digital sind, haben wir Echtzeit im Blut.
Nein, es klingt total albern, ich will das jetzt auch nicht in Vorteilen aufführen, aber...
Wir haben eine Reichweitenstudie gemacht mit *TNS* zusammen. Und *TNS* fragt eben methodisch in einer Post-Befragung die Radio- und die Online-Audio-Nutzung ab.
Wir sehen, dass wir im Vergleich zu den Radiosendern, weil wir national sind und nicht nur auf Bundesländer beschränkt, eine ziemlich gute Größe haben. Und wir sehen, wenn wir ein Radiosender wären, wären wir unter den Top 5 in Deutschland. Was die Nutzerzahlen angeht. Der große Vorteil, den wir aber haben, ist: Unsere Nutzung ist zu 100% digital. Unsere Nutzung ist zu 100% verifiziert durch den registrierten Benutzer. Wir haben keine Frauds, also keine gefakte Nutzung, wir haben eine Eins-zu-Eins-Nutzung, die anfällt, wenn sie anfällt. Nicht an irgendwelchen Tageszeiten orientiert. Natürlich haben wir eine Hauptnutzungskurve, die aber am Tag ansteigt bis 14 Uhr, dann einen Peak nach oben macht und bis 23 Uhr wieder ein bisschen abfällt. Aber wir haben eben diese digitale Nutzung. Was wir in der Abfrage auch gesehen haben: Radiosender haben keine digitale Nutzung.
Deshalb haben die Privatradiosender einen solchen Hass auf *Radio.de*, weil die Nutzung von *Radio.de* als Aggregator deren Nutzung abgreift und damit quasi ein Geschäft macht. Wobei, das haben sie noch gar nicht verstanden. In jedem Termin, den ich zu der Reichweitenstudie

in den letzten beiden Monaten hatte, habe ich gefragt, wer denn eine Radio-App auf dem Telefon drauf hat. Und es haben maximal immer in einem Raum von zehn, zwanzig Leuten, zwei bis drei aufgezeigt. Das war *Radio.de*, *TuneIn* und dann gabs mal *Radio Brüssel* – da war ne Belgierin im Raum. Oder es war mal ein Lokalsender. Oder mal ein *ego.fm*. Immer einzelne Sender, aber die Nutzung in der Digitalisierung kommt bei den Radiosendern noch nicht an.

Und der vermeintliche Vorteil von Radio ist, es ist ein Nebenbei-Medium, und sobald du einen Kern-Reiz, eine Schlüsselmusik oder einen Beitrag mit Keywords hörst bist du drauf und kannst nicht abschalten. Das ist ja das, was C.A. immer meint, wenn er sagt, die letzte Meile ist für den Nutzer eigentlich völlig egal. Das stimmt nur bedingt, weil der Weg dahin zu kanalisieren und eventuell schon eine Vorfilterung vorzunehmen, steigt durch die digitalen Nutzungspunkte, die du hast, und durch die Daten, die du auslesen kannst. Und wenn du jetzt die Wertschöpfungskette im Grunde genommen digitalisierst, dann hast du den ersten Schritt zwar genommen – das ist vor allem eine Vereinfachung für die Unternehmen -, was du aber nicht hast ist die digitale Nutzung. Und da muss jedes Medium in der Tat dran arbeiten, diese Nutzungsmomente hinzukriegen und Daten anzureichern. Es gibt verschiedene Bereiche im Markt wo das Sendegruppen versucht haben, die *Regiocast*-Gruppe zum Beispiel, hat eine App rausgebracht: *Radio likes me*. In der haben sie im Duktus von Schlager oder Rocksendern versucht das Thema Morgenwecker zu lösen. Du kannst dich also quasi von dieser App wecken lassen morgens im Duktus mit den Stimmen deiner Leute, die du aus dem Radio kennst und irgendwann geht das rüber. Sie haben das getrennt, weil sie die UKW-Nutzung nicht beeinträchtigen wollten. Und da haben Sender noch immer nicht verstanden: wenn du in die Digitalisierung rein willst musst du nicht – nein darfst du nicht – mehr über die UKW-Frequenz nachdenken. Du musst darüber nachdenken, wie du Nutzungsmomente schaffst und die in ein digitales Korsett reinschnürst. Und wenn du das machst, ist es aber erstmal eine Zerstörung des klassischen Radios in der Wertschöpfung. Weil Radio geht in der *ma* davon aus, ich habe Nutzer, die steigere ich und kann sie dadurch kapitalisieren. Je mehr Hörer ich habe, desto höher ist der Wert pro Hörer und der Umsatz steigt. In der digitalen Welt geht das erstmal nach hinten los. Weil ich erstmal tierisch viel Geld investieren muss. Ich muss erstmal anfangen, solche Apps zu bauen, die dann dem Nutzer einen Mehrwert geben, in die App hinein zu gehen. Aktuell sind die Apps der deutschen Radiosender so langweilig.... da ist nicht ein Mehrwert drin, warum ich diese App nutzen soll. Ich habe mir ein paar runter geladen, weil ich es mir aus Berufsgründen angucke. Ich kann *1Live* mittlerweile nicht mal mehr hören...

MM: Es gibt ja aber auch noch andere digitale Sender...

SB: Ja, gibt es. Aber die Reichweiten dieser Angebote sind im Vergleich so gering.... Die Aggregation ist hier das Wichtige. Kein einziger Sender außer uns ist in der Lage, die Nutzungspunkte rauszubringen, die wir rausbringen können.

MM: Das wird auch glaube ich auf Dauer für euch den Vorteil geben und ich glaube auch – dadurch, dass ihr den Vorteil habt, genaue Kontakte anzubieten -, dass ihr in Zukunft höhere TKPs realisiert, als alle anderen Marktanbieter. Ich glaube aber auch, es wird auf Dauer nicht funktionieren, dass man Only-Kampagnen bucht in den nächsten Jahren. Je nachdem, wie sich euer Wachstum entwickelt. Aber ich glaube nicht, dass wir eine Netto-Reichweite von 60 bis 70% nur über euch hinbekommen. Du kennst die Zahlen – Herr Zilch hatte sie ja auch vorgestellt -, da liegen wir je nach Zielgruppe so bei 10 bis 20% der Nutzung, die du maximal über euch abbilden kannst. Und das ist halt für die meisten Kunden nicht genug. Deswegen glaube ich, dass wir uns auch immer noch über eine Basisbelegung über UKW, andere Webradiosender und und und unterhalten müssen. Was natürlich dann dazu führt, wenn du es über einen DSP machst, dass ihr einen Großteil davon abbekommt, dass ihr höhere TKPs realisiert. Aber in den nächsten zwei Jahren zu sagen „komm, wir brauchen ein *1Live* nicht mehr", wird schwer funktionieren.

SB: Das wird von den Zielsetzungen abhängen. Und das meine ich gerade ganz krass. Wenn sich Programmatisch durchsetzt und ich ein ganz anderes Ökosystem schaffe, nach dem ich Performance bewerte, dann wird Netto-Reichweite nicht mehr relevant sein. Aktuell bin ich bei dir, Mediaplanung in dem Duktus, wie sie jetzt passiert auf UKW-Ebene, ist Netto-Reichweite der Erfolgsgarant. Deshalb war ich gerade eben auch ein bisschen überheblich, was ich gar nicht sein wollte, in Bezug auf andere digitale Publisher an der Stelle. Das ist aber genau das Erfolgskriterium.

MM: Klar, wenn ich jetzt mal rein programmatisch denke und sage, mir ist es egal, wie ich den Nutzer erreiche, ich habe hier ein paar Audio-Kontakte...wenn es jetzt dazu führt, dass wir quasi sagen, ich brauche die Reichweite von UKW nicht mehr, weil ich kann sie mir ja auch über eine Display-Ad aufbauen oder eine Video-Ad, am Ende des Tages interessiert mich nur, dass ich den Nutzer erreicht habe. Und an den Stellen, wo ich ihn per Audio erreichen kann, mache ich das auch noch, sehe ich aber ein bisschen schwarz für die Branche. Weil wenn sich das wirklich so entwickelt, hast du später nur noch ein paar Player und die klassischen Angebote können dann gar kein Inventar mehr zur Verfügung stellen, weil du es gar nicht mehr anders machen kannst.

SB: Ich nehm mal ein Beispiel wie *Raute*. Kennst du aus deiner Vermarkter-Situation heraus auch ganz gut, M.. *Raute* ist ein Angebot, das wird User Generated genannt – oder auch nicht... wie nennen die sich selber?

116

MM: Plattform für Audio-Konsum.

SB: Ok, sie sind eine Plattform für Audio-Konsum. Die haben ohne Ende Ad Impressions, die sie ausliefern können, Brutto-Kontakte ohne Ende...sie haben – und das beweisen alle Studien, in denen sie nachgewiesen worden sind – eine überschaubare Netto-Reichweite. Das heißt, die haben eine gewisse Länge im Stream und dann kriegen ihre Nutzer ganz ganz viele Kontakte angehäuft. Und den Ertrag, wie wirtschaftlich die Kontakte sind, den bleiben sie bis dato schuldig. Wenn ich jetzt eine programmatische Ausspielung habe, dann ist der Gedanke, dass ich irgendwann über die Konvertierung von den Leuten mitkriege, ob das erfolgreich war oder nicht.

Das klappt natürlich so nicht, weil ich eine Profilierung im Kopf habe bei den Leuten. Also die klassische Marken-Merk-Linie – kenne ich das Produkt, nutze ich das Produkt, ist es in meinem Relevant Set drin, Erstnutzung, Wiedernutzung und so weiter – das kann ich programmatisch aktuell noch nicht nachverfolgen. Ziel ist aber, dass es irgendwann auch über Customer Journeys, die gemessen werden, so gemacht werden soll. Trotz allem ist die Frage, wenn *Raute* jetzt diese unglaubliche Kontaktsumme, die die haben, nicht in Netto-Reichweite ummünzen können, wie wertvoll ist dann dieses Angebot für mich in der Mediaplanung?

Ich weiß nicht, ob du das anders siehst an der Stelle. Aktuell ist nunmal die Netto-Reichweite der Indikator für den Erfolg.

MM: Ich bin bei dir... Also, wir sind jetzt mal wieder in einer idealen Welt, wir können jeden Nutzer markieren, wir können den weiter verfolgen, targeten da drauf...wir gehen über unsere Targetingmerkmale im Endeffekt von vorne herein davon aus, dass das unser richtiger Konsument ist und am Ende des Tages gucken wir uns auch noch an, welche Leute besuchen denn überhaupt meinen Shop? Das kann dann sein, dass man zum Beispiel feststellt, 3 Kontakte bei *Spotify* konvertieren so, bei *Raute* so...oder wir stellen sogar fest, die Audiokontakte konvertieren gar nicht und wir brauchen nur Kontakte auf dem *Spiegel* als Display-Element. Kann ja auch sein. Wenn wir in so einer idealen Welt leben würden, wäre ich bei dir. Aber die Frage, die sich halt für mich wieder stellt aus der technischen Perspektive heraus ist, ob wir die Leute auf so einen Status gehoben kriegen, sodass die Unternehmen am Ende alles nachweisen können. Ich glaube, davon sind wir weit entfernt. Ich glaube, wir werden auch noch in 3 bis 4 Jahren noch darüber unterhalten, dass wir Medialeistung aufbauen, die wir nicht bis zum Ende des Customer Journey verfolgen können. Da müssten wir alles digital haben. Da müssten alle nur noch ihren Radiokonsum über irgendwelche digitalen Kanäle nutzen, dann müsste das Autoradio digital sein, dann müssten sie sich mit dem Smartphone koppeln, dann müsste die ID übergeben werden, die müsste dann beim Radioempfänger auch noch mit auskommen...

Wenn wir in so einer Welt leben technisch, wenn wir jetzt alles wegschmeißen und sagen, wir machen das neu, dann bin ich bei dir, dann können wir das machen. Aber ich denke halt bloß, die Autos fahren noch lange mit ihren UKW-Radios rum, die Innovation DAB braucht jetzt ja auch schon ewig um sich durchzusetzen, geschweige denn mal davon, dass da Internetradio standardmäßig verbaut wird. Also es brauch ja auch alles seine Zeit. Wir haben einfach leider noch keine 100%ige digitale Nutzung.

SB: Durchschnittliche Lebensdauer eines Autos in Deutschland ist acht Jahre... wir sind in diesem Digitalisierungsprozess der Autos voll drin. Über Punkte wie Connect in den Autos und Bluetooth-Einrichtungen steigt das zunehmend. Stefan meinte, das ab nächstem Jahr kein Auto mehr verkauft werden wird, was nicht eine digitale Kopplungsmöglichkeit im Autoradio verbaut hat. Das heißt dann letztendlich, dass es bei acht Jahren durchschnittlicher Lebensdauer eines Autos noch so vier bis fünf Jahre dauert – wir sind jetzt so seit drei, vier Jahren in dem Prozess drin – bis die Mehrheit der Autos, die in Deutschland rumfahren, eine digitale Kopplungsmöglichkeit haben. Das heißt, die Sachen sind nicht so weit weg.
Die zentrale Frage, die jetzt aus deinem Ansatz herauskommt ist ja, wie viel des Mediabudgets, das heute verfügbar ist in der klassischen Welt, wird irgendwann Richtung Digitalisierung gehen. Es gibt Agenturen, die sagen, 50% werden immer klassisch bleiben. Aber trotz allem, daraus Stichproben zu ziehen und daraus wieder hochzurechnen auf Nutzerverhalten, weil jeder wird irgendwann eine Digitalisierung erleben, zumindest eine Zeit lang des Tages, ist dann genau die Aufgabe, die wir haben. Und daraus Wahrscheinlichkeiten wieder zu machen, wann und wie ich Leute erreiche, ist dann wieder das Ur-Thema der Mediaplanung, das geht dann genau wieder auf den Punkt zurück. Und selbst dann kann ich in der digitalen Welt Rückschlüsse auf die klassische Welt führen. Unternehmen sind gut daran beraten, sich ihre Datenpools aufzubauen, sich ihre Nutzer – also Verwender von Produkten – ganz genau anzuschauen und sie zu analysieren und sich zu überlegen: wie kann ich die in ihrer täglichen Reise oder in ihrem Entscheidungsprozess bei einem höherpreisigen Produkt begleiten und wann kann ich sie in der relevanten Phase adressieren. Und das wird durchaus ein Thema sein, mit dem du programmatisch auf jeden Fall weiter kommen kannst. Weil du als Unternehmen diese KPIs selbst bestimmen kannst und dir am Ende einen Mechanismus aufbaust wann was für dich funktioniert. Das wird ganz viel Trial and Error sein, das wird ganz viel A/B-Testen auch von Kreationen sein, aber es wird Unternehmen, die das machen, durchaus weiter bringen. Das ist die Kraft, die da drin steckt in meinen Augen.

NO: Das hört sich jetzt so an, als müsste bei den Unternehmen selbst – also bei den Werbungtreibenden – ein großes Umdenken erforderlich sein.

SB: Ja klar.

NO: Und das geht ja auch nicht von heute auf morgen.

SB: Wir leben mittlerweile in einer Welt – und das ist das Thema der digitalen Transformation, das hat 2000 angefangen und wird nie mehr aufhören – in der Unternehmen sich permanent neu erfinden müssen. Sich permanent neu digitale Themen setzen müssen und einfach in diese Digitalisierung einsteigen müssen. Die Unternehmen, die das nicht tun, die haben eventuell einen Markt, den sie beherrschen, wo es einfach keinen anderen gibt, aber überall da, wo Konkurrenz ist, wird es andere Kandidaten geben, die das tun und die dann an denen vorbeziehen werden, wenn sie es nicht tun. Als These mal so in den Raum gestellt.

MM: Ja. Ich denke, das was du sagst, ist sehr visionär gedacht. Ich frage mich halt wirklich, ob das so kurzfristig passieren wird. Klar, du hast das Beispiel Auto genannt, dass die Kopplungsmethoden seit circa vier Jahren gebaut werden. Spinnen wir mal diese These weiter, gehen wir mal von diesen durchschnittlich acht Jahren aus...es heißt ja nicht, dass nach acht Jahren die Autos verschrottet werden...

SB: Ich sagte ja, die übermäßige Zahl der Autos...

MM: Genau. Also gehen wir mal davon aus, nach acht Jahren haben wir das umgewälzt. Nach acht Jahren haben wir eine Kopplungsoption drin. Kopplungsoption heißt ja erstmal nur, man kann sein Handy über Bluetooth damit verbinden. In den Autoradios ist aber immer noch ein UKW-Radio verbaut. Das ist halt die Frage: nutzen die Leute dann nur noch Streaming über ihr Bluetooth, wenn ich da eine Kopplung mit Audio hinkriege. Auch da wird sicherlich noch ein Großteil über klassisches UKW-Radio laufen. Deswegen stelle ich mir halt die Frage, ob wir im Endeffekt es schaffen das Massenmarkt-kompatibel zu machen. Ich bin voll bei dir, dass sich die Mediaplanung ändern wird und ich glaube auch, dass wir aus dem Digitalkonsum, der ja auch wahrscheinlich immer weiter steigen wird, dann Hochrechnungen anstellen können. Dann zum Beispiel sagen kann der typische *Zalando*-Käufer ist eher auf Sender A als auf Sender B unterwegs. Aber dann zu sagen, das klassische wird gar nicht mehr gebucht.... weiß ich halt nicht, ob das so eintreten wird.

SB: Ne ich hab ja gerade gesagt, also es gibt Agenturen, die schätzen, dass 50% der heute klassischen Umsetzung auch weiter klassische Umsetzung bleiben werden. Die nicht programmatisch oder digital eingekauft werden.

MM: Auf was für eine Perspektive?

SB: Auf dauerhaft. So auf die nächsten zehn Jahre. Dass die Wertschöpfungsketten im B2B-Bereich digitalisiert werden das ist davon völlig unbenommen, aber es geht darum, wie du

Leute mit nem klassischen Medium erreichst. Und das kann durchaus sein, dass Kino eine digitale Wertschöpfungskette hat von Ausstrahlung des Spots über Buchung und so weiter, aber trotz allem werden die Leute auf der Kinoleinwand einen ganz normalen Spot sehen können. Leute werden weiter Plakate sehen, es wird weiter Handzettel geben, TV-Werbung wird es weiter geben in der Art und Weise...

Wenn ich mir aber junge Leute angucke...die digitalen Nutzungsmomente, die du hast – ich spreche dich hier jetzt mal direkt an – im Vergleich zu der Generation der Leute wie ich, die halt auf die 50 zugehen, die sind ganz anders. Die gehen damit viel konservativer um als die Leute mit Mitte 20.

MM: Definitiv. Ich weiß nicht, wann ich das letzte Mal meinen Fernseher an hatte.

SB: Ja ich schon, aber nur um meinen Smart TV zu benutzen.

Das zeigt, dass innerhalb von knapp 10 Jahren die Generationen so weit auseinander liegen in ihrer Mediennutzung, dass du die Leute unter 25 oder 20 nochmal anders adressierst als die Leute Ende 20 aktuell.

Irgendwann kommt eine Entschleunigung, das ist auch in Ordnung...irgendwann lege ich das Telefon auch mal weg und bin mal froh, kein Display vor der Nase zu haben und dann kommt halt die klassische Werbung wieder rein. Aber die Nutzungsmomente sind halt bei jedem in jedem Tag vorhanden und ich kann den Tagesablauf der Leute über die Nutzungs-kurven targeten, das können wir auch machen, und wir können Wahrscheinlichkeiten dar-über anstellen, wann wir jemanden erreichen können. Das sind dann die Nutzungen, die ins Targeting reingehen. Das hilft uns zukünftig auch, Einfluss auf klassische Mediaentschei-dungen zu nehmen.

Ich kann jetzt über positive Streuverluste auch irgendwann reden und kann sagen, ich will ja auch durchaus, dass mal ein Produkt eine Bekanntheit erlangt, die nicht meine Kernziel-gruppe betrifft. Weil vielleicht erobert es sich eine Kernzielgruppe, die die Marketingabtei-lung selber vielleicht gar nicht auf dem Schirm hatte. Durch Eins-zu-Eins-Adressierung ist das ja rein theoretisch gar nicht mehr möglich, weil ich ja immer die Implikation dafür treffe. Ich muss genau wissen, wen ich eigentlich adressieren will.

Der *Ford Fusion* war so ein Beispiel. Von *Ford* als Stadtauto gebaut, so ne etwas aufge-pimpte *Fiesta*-Version, etwas höherer Einstieg, etwas kompakter, sollte den jungen, urbanen Städter Mitte 20 treffen, der ein Auto braucht um schnell in der Stadt agil zu sein, schnell einzuparken und so weiter. Die Zielgruppe, die das Auto gefahren hat, waren Menschen ab 60. Weil sie, wenn sie einen Hüftschaden hatten, nicht mehr tief einsteigen mussten, Klappe ging schnell auf, konnte man alles gut reinschieben, war klein, wendig, handlich, nicht mehr viel PS – brauchten die älteren Menschen nicht. Das war so die Kernnutzung vom Fusion gewesen. Ohne klassische TV-Werbung hätte das niemals funktioniert, weil die Leute gar nicht gewusst hätten, dass es den gibt. Oder erst im Showroom bei *Ford* drauf gekommen wären.

Und deshalb brauchst du natürlich auch verschiedene Möglichkeiten, anders zu profilieren, anders zu planen, aber wie gesagt, digitale programmatische Sachen können dir helfen, Optimierungen vorzunehmen, die du in der klassischen Mediaplanung so gar nicht hast.

MM: Ich glaube, die Pläne werden einfach komplizierter. Also umfangreicher. Dass du sagst, du fängst einen Teil der Zielgruppe einfach durch so programmatische Sachen ab, wo wir ja verschiedene Möglichkeiten haben. Zum Beispiel hole ich mir über *Spotify* gezielt die jüngeren Leute, die Zielgruppen, die ihr vielleicht nicht habt, so 50-Jährige, die weniger *Spotify* nutzen, hole ich mir über die Klassik, macht es da aber auch besser als bisher...
Deswegen...dass ihr jetzt rein digital denkt, kann ich ja nachvollziehen, ihr habt ja auch zu 100% ein digitales Produkt. Aber ich glaube da wird es auch Berechtigung geben für klassische UKW-Radiosender, es wird ne Berechtigung geben für Webradiosender, es wird sich einfach stärker ergänzen.

SB: Es wäre vermessen, wenn ich jetzt sagen würde, in 5 Jahren ist alles digital. Das ist Quatsch. In 5 Jahren gibt es die ersten Sender, die sterben, weil sie nicht mehr genug Hörer bekommen. Aber bei 450 Radiosendern ist es auch vielleicht mal an der Zeit. Es heißt ja nicht, dass jeder, der stirbt, gleich einen Exitus für die Branche bedeutet. Und da muss sich eben etwas verändern.
Wenn du dir jetzt mal einen nächsten Player, der in den deutschen Markt reinkommt, anschaust, *Amazon Music*, die ab 2017 zumindest mal ein Produkt auf den Markt bringen werden, was mit Fußball zu tun hat, ich glaube die werden die Radiolandschaft viel stärker durchrütteln, als wir das getan haben. Weil wir in der Definition gar nicht Radio sind. Wir sind eine Ergänzung und Bereicherung für den Audio-Kosmos, *Amazon Music* wird eine Verdrängung des Radio-Kosmos werden. Und das wird halt spannend sein zu sehen, was passiert, wenn da ein rein digitaler Player ohne Historie aus dem klassischen in Deutschland rauskommt. Wie wird der sich durchsetzen. Das ist keine Frage des ob, sondern des wie.

MM: Ich glaube schon, dass es spannend werden wird. Und ich glaube schon, dass wir auch gewisse Entwicklungsprozesse im Markt einfach begleiten werden. Die Frage ist bloß, wie sich das am Ende des Tages ausgestalten wird, welchen Anteil welcher Bereich haben wird. Worauf wir als Anbieter auch aktuell setzen ist, einfach beide Wege zu gehen. Also den Weg der reinen Eins-zu-Eins-Ansprache, dann machen wir ein bisschen was klassisch, indem wir einfach noch klassische Kampagnen ohne Targeting abarbeiten, dann machen wir einen Teil in der UKW-Veredelung... also da gibt es ja verschiedene Baustellen, die wir abarbeiten. Ich glaube, in Summe wird es auch eine Summe bleiben in der Mediaplanung. Ich glaube nicht, dass es in eine Extreme abdriften wird, sondern wir werden uns für ein paar Kampagnen vielleicht an spitzere Zielgruppen wenden. Aktuell sind ja die Briefings von euren Kampagnen meistens so, dass sie sich an die Masse wenden.

SK: Ja, aber ich würde jetzt – und das meine ich nicht böse – dem ganzen Audio auch nicht so DIE Bedeutung schenken. Also die spitzen Zielgruppen holen wir über andere Kanäle auch ab. Du wirst immer im Audio-Bereich sehr breit unterwegs sein. Definitiv. Klar hast du da mal junge Kampagnen oder so, wo du was spitzer unterwegs bist, aber es ist halt Audio.

MM: Aber das ist ja eigentlich genau der Mehrwert an einem Targeting. Weil wenn du ein Targeting von 20 bis 59 aufsetzt, ist halt die Frage, ob das Targeting dann noch groß Sinn macht. Weil, wenn du eh schon jeden erreichen willst, erreichst du nochmal 10% mehr. Ist dann die Frage, ob der Targetingaufschlag eh schon nicht den Streuverlust gegen kompensiert. Wenn ich zwei Euro TKP im Radio bezahle und mit Targeting auf einmal zehn Euro bezahle, ist halt irgendwann die Frage, ob ich nicht die Streuverluste mitnehme. Da wird es ja dann von der Kostenrechnung auch einfach die Frage, ob das Targeting dann noch Sinn macht.

SB: Dann fange ich mal an, von stochastischen Kontakten auf reale Kontakte zu rechnen. Dann fange ich mal an über ein Clutter von acht bis zehn Spots gegenüber einer Single-Platzierung zu rechnen und dann komme ich ganz schnell in andere Dimensionen rein. Dann sehe ich, dass der stochastische Preis von zwei Euro eigentlich adäquat ist zu einem TKP von acht oder neun Euro in der Realität. Und das ist eben auch Radio, das darf man nicht vergessen. Radio ist per se ein breites Medium. Radio ist per se immer die Gießkanne über alles. Noch. Und das auch die nächsten zehn Jahre.

MM: Das ist auch das, was ich meine. Ich frage mich, ob wir mit dem Digitalen das Medium wirklich so gedreht bekommen...technisch würd es ja bei euch gehen. Ich könnte ja nur User erreichen, die bei Facebook angegeben haben, das und das zu liken. Theoretisch. Die technischen Möglichkeiten sind ja da. Ich weiß ja nicht, wie viel Facebook euch da weiter gibt...
Es gibt ja theoretisch auch diese Facebook-ID, nach der du targeten kannst. Das ist dann aber eben die Frage, ob da noch genug Leute über bleiben, sodass das noch spannend bleibt und ob das ein Massenmarkt-Produkt wird.
Ich glaube, es werden sich mehrere Trends parallel entwickeln. Ich glaube, es wird diese Eins-zu-Eins-Ansprache sich durchsetzen, dann werden wir uns noch weiter über Massenbelegung unterhalten, wie wir sie früher schon gemacht haben. Weil, es wird auch Kunden geben, die sagen: „komm mir nicht mit programmatisch um die Ecke". Ich war letztens noch bei einem Möbelhaus, das meinte der Marketingleiter „also das wird mir jetzt alles viel zu kompliziert, ich mache meine Planung einmal im Quartal und dann schließe ich die ab und

habe damit nichts mehr am Hut. Und dieser ganze programmatische Bereich. Da müsste ich ja immer die Kampagne optimieren, da habe ich keine Lust drauf."

SB: Bin ich bei dir. Bis zu einem gewissen Punkt. Nämlich bis zu dem Punkt, an dem ihm eine Agentur oder ein Vermarkter oder wer auch immer nachweist, dass er über den programmatischen Einkauf seine Einkaufskosten reduziert und seinen Ertrag, also seinen ROI, steigert. Ab dann wird der Möbelhaus-Marketingmensch ganz Feuer und Flamme sein. Wenn er es nicht ist, wird er seinen Job los sein, wenn sein Chef das nämlich mitbekommt. Da bin ich fest von überzeugt. Und dafür gibt es Agenturen, die diese permanente Optimierungsleistung auch ausführen können. Oder? Habe ich das bei euch, S., nicht schonmal mitbekommen, dass ihr das so macht?

SK: Ja klar.

MM: Ich habe da halt im Markt nur auch schon sehr viele irrationale Entscheidungen gesehen.

SB: Ja jeder geht in den Markt hinein und jeder ruft rein und jeder will das Beste für seine Preise raushaben. Das ist ja auch in Ordnung. Und in der Tat wird eines der Themen sein: Wie kommen Marketingleiter in diesem Dschungel überhaupt noch zurecht? Aber auch das Möbelhaus muss sich Gedanken darüber machen: Wie komme ich in die Adressen rein, wie kann ich jemandem, der sich eine Küche gekauft hat, ein Jahr später noch ein Badezimmer und Wohnzimmer verkaufen und so weiter.
Auch da geht es um die Daten und um die Ausgestaltung, wie Leute da entsprechend angesprochen werden können.
Und ob das nun ein geschriebener Brief ist, der per CRM-System rausgesendet wird oder ob das eben eine Performance-Botschaft ist, auch das ist eben egal nachher.

MM: Da bin ich voll bei dir. Die Frage, die ich mir bei solchen Sachen nur immer stelle ist die der Zeit. Wie lange dauert das? Das weiß ich nicht. Wie gesagt, ich habe mit vielen großen Unternehmen ja auch beruflich zu tun und die sind nicht immer die schnellsten.

SB: Ich glaube, vor deinem 40. Geburtstag.

MM: Ich habe ja auch noch ein bisschen was vor mir.
Das ist halt die Sache. Ich kann es dir nicht sagen. Ich glaube, ich bin bei dir, es wird einen Entwicklungsprozess geben, die Frage ist halt nur: wie lange dauert das?

SK: Gibt es denn bei dir, noch offene Fragen?

NO: Nein, witzigerweise habt ihr in eurer Diskussion alle meine Fragen an euch beantwortet.

SB: Also, wenn ich gerade nochmal unser Gespräch filtere, dann wäre für deine Studie wahrscheinlich am interessantesten, wie Programmatic die klassischen Werbemittel beeinflusst in Zuspitzung bis dahin, wie Unternehmen durch die Veränderung der Mediaplanungsprozesse Ertrag und ROI steigern können. Das ist dann eben deine Aufgabe dahinter. Ich glaube, da kann man eine ganze Menge nochmal rausholen.
Du, M., hast ja gesagt, noch hinten dran und langsam an der Stelle. Das könnte ganz spannend sein, diese beiden Punkte eben zusammenzubringen.

MM: Wie gesagt, wir haben ja im Markt erstmal die Herausforderung, die technischen Standards zu erschaffen. Welche Plattform verwenden wir, gibt es mehrere, gibt es eine. Wie löst man diese ganzen technischen Herausforderungen, gehen sie überhaupt zu lösen... aber die Unternehmen müssen sich ja auch weiter entwickeln. Die müssen halt weg von dem Gedanken „wir machen eine Kampagne in KW 32 und 33 und das Geld ist weg und habe ich eingebucht". Sondern es geht ja eher vielleicht auch über langfristige Kampagnen. Dass man sagt, ich versuche meine Nutzer über das gesamte Jahr hinweg zu erreichen und ich will ihn immer dann erreichen, wenn gerade Bedarf nach meinem Produkt besteht. Und wenn das ein Sonntag ist oder ein Samstag, ist mir das erstmal egal. Da müssen die ja auch erstmal umdenken. Und das, was S. ja auch sagte, das Thema Datensammeln ist ja auch noch wichtig. Die Unternehmen müssen dazu übergehen, ihre Daten halt selber zu erheben.

SB: Wenn du am Beispiel von Programmatic Audio aktuell mit Werbungtreibenden sprichst, dann können die dir selber noch wenig Gründe nennen, warum sie Programmatic Audio verwenden sollen. An der Stelle sind Publisher noch nicht so wirklich gut das zu erklären. Wie Agenturen das erklären weiß ich nicht, weil ich es nicht mitkriege. Wir versuchen eben das Thema über Daten an sich zu erklären. Also a) ist es erstmal relativ egal, ob du bei uns programmatisch oder klassisch buchst. Der Nutzen entsteht in der Optimierung, also in der On-the-Fly-Optimierung. Auch über verschiedene Kanäle hinweg. Ich sehe dann zum Beispiel sofort auf meinem Dashboard, dass ein Kanal eine höherer Performance hat und kann dann eben Budget shiften. Wenn du diese Vorteile, die da entstehen, durchlisten würdest, das wäre wahrscheinlich eine Checkliste, die du auch in deiner Arbeit rausbringen und rausarbeiten kannst, die du nach der Arbeit auch bestimmt teuer verkaufen kannst.
Dann kannst du mittelständische und kleine Unternehmen an dieser Stelle auch genau beraten, weil solche Checklisten enthalten genau die Aspekte, die aktuell in den Unternehmen noch sehr sehr wenig generiert werden. Wenn ich die Aussage höre „das ist mir viel zu kompliziert", dann weiß ich, die Leute haben sich damit noch viel zu wenig beschäftigt und sich

noch nicht damit auseinander gesetzt. Das heißt, sie sind am Beginn ihres Change-Prozesses oder Transformations-Prozesses. Und da eine Handlungsempfehlung rauszukriegen, warum sollte ein Unternehmen das überhaupt tun, ist glaube ich das stärkste, was du in dieser Arbeit rausarbeiten kannst. Dann hast du eine Handlungsempfehlung, die du vielleicht verkaufen kannst.

MM: Aber macht ihr denn wirklich schon soviel programmatisch? Wenn wir jetzt mal den Status quo anschauen...

SB: Na ja also du bist in der Betrachtungsebene Audio.

MM: Ja klar. Digital gesehen bin ich bei dir. Ich bin auch bei dir, wenn du sagst, wir müssen zusammenwachsen. Aber wir müssen auch erstmal unsere Hausaufgaben im Silo Audio machen und dann kann sich das weiterentwickeln. Aber ich glaube nicht, dass wir hier direkt über die Masterlösung für alle Gattungen sprechen können. Oder ist das der Ansatz, den ihr verfolgt?

SB: Na ja wir haben uns unsere DSP- und SSP-Partner schon danach ausgewählt vor dem Hintergrund, dass wir drei Werbemittel zur Verfügung haben. *AdsWizz* hat halt an der Stelle ein Problem, weil sie nur Audio können. Und die Anforderungen, die wir von Agenturen bekommen, die sich in der Digitalisierung auskennen, die sind an der Stelle ja auch häufig einfach schon weiter. Und die reden eben mit Audio an der Stelle gar nicht. Die sind ganz überrascht, wenn ich mit denen über Audio rede. Also da ist ja auch noch ganz viel Aufklärungsarbeit zu leisten. Und das sind teilweise Partner, mit denen wir in Video und Display teilweise seit Jahren schon erfolgreich Geschäfte machen. Und aus dem Grund: Ja, es fängt gerade an, aber auch ja, es kommt jetzt langsam massiv in Fahrt. Aktuell würde ich mal sagen ist Online Audio unter 1%, 2017 unter 20% des digital gehandelten Volumens würde ich mal sagen.

VI. Interview mit C.A., Senior Head of Buying Management, Mediaagentur, am 27. Oktober 2016 in Düsseldorf

NO: Also ich weiß mittlerweile, was Programmatic Advertising ist. Ich habe mich intensiv damit beschäftigt und jetzt ist meine Frage: Du bist ja in der Fokusgruppe Programmatic Audio vom *BVDW*. Richtig?

CA: Ich bin in der Fokusgruppe Audio und leite das Lab Programmatic Audio.

NO: Womit beschäftigt Ihr Euch denn genau?

CA: Kernthema ist eigentlich, erstmal zu erkennen, wie ist der Markt überhaupt aufgebaut. Weil ich glaube, das ist so genau der Punkt: Audio im Online-Bereich ist noch nicht so bekannt wie alle anderen Werbeformen. Programmatic Audio ist gerade im Zug des Hypes des Programmatics ein Thema, weil einfach alles Programmatic sein muss. Und jetzt muss Programmatic Audio als nächster Punkt auch noch mit auf die Tagesordnung.

Bedeutet aber auch, dass man sich erstmal damit beschäftigen muss: wie sieht Programmatic aus, wie sieht der Markt aus. Es gibt keine Zahlen dazu. Man kann keine Informationen dazu bekommen. Das bedeutet aktuell, dass wenn man über Programmatic Audio spricht, man sehr viel mit den einzelnen Vermarktern, Technikanbietern und den Agenturen redet.

Ich für mich habe mich entschlossen, einfach zu sagen: wir versuchen hier bei uns die Vorteile, die wir schon über Bewegtbild und Display haben, auch im Radio zu übernehmen. Und dann kommt man nach einer Idee relativ schnell zu dem Punkt: technisch noch nicht umsetzbar. Egal, wohin man da jetzt kommt. Die technische Umsetzbarkeit der einzelnen Ideen, Cases und so weiter ist einfach noch nicht gegeben.

Wir haben das Digi-Lab – also die, die sich mit dem Digitalbereich beschäftigen. Wenn Du denen mit Audio-Werbung kommst, kommt erstmal die Frage: was soll ich damit, das kann man ja gar nicht klicken. Diese ganze Welt der Onliner ist klickbar. Und aus meiner Sicht ist es die größte Schwierigkeit, da auch tatsächlich den Mehrwert für den Kunden zu finden.

Und dann stellt sich natürlich auch immer wieder die Frage: muss ich es überhaupt programmatisch einkaufen oder ist es nicht auch klassisch abbildbar.

Wir haben jetzt vor knapp einem Monat die erste programmatische Kampagne ausgeliefert. Das heißt, da waren wir relativ früh mit dabei. Jede Agentur wollte ja irgendwie mit die erste sein und versucht zusätzliche Cases aufzubauen. Wir haben irgendwann gesagt, wir möchten einen Case bauen. Wir haben sehr sehr lange nach einem Kunden gesucht und haben jetzt für *Das Örtliche* die normale Media-Zielgruppe für Audio von 20-49 nochmal weiter differenziert. Wir haben zehn unterschiedliche Spots eingesetzt. Und aufgrund der Gestaltung wie die Spots sind, haben wir die Zielgruppen eingegrenzt. Das heißt, in einem Spot wird auf eine Fitnessstudio-Suche hingewiesen. Dieser Spot wurde dann programmatisch nur an Personen ausgeliefert, die ihren Bewegungsrhythmus oder auch Verhaltensrhythmus haben und in den letzten Tagen dann irgendwann mal im Fitnessstudio oder auf Sportveranstaltungen waren oder sich grundsätzlich mit Sport beschäftigt haben. Genau das Gleiche auch mit einem Spot für Handwerkersuche und Baumärkte. Da gab es dann halt eine weitere Eingrenzung, dass man sagen konnte: ausgeliefert an Personen, die in den letzten Tagen im Baumarkt gewesen sind. Es wurde eben das Bewegungsmuster von einzelnen Personen über einen Technikanbieter zusammengefasst und dann mit unserer SSP gekoppelt, sodass wir dann darüber einbuchen konnten. Ergebnis ist eigentlich – dadurch, dass wir teilweise auch mit Display ausgeliefert haben - , dass die Klickraten auf jeden Fall höher sind als die Klickraten für eine klassische Ausspielung.

NO: Also das konntet ihr schon feststellen...

CA: Ja, das konnten wir feststellen. Rückschluss wäre dann eben: weil sie gezielter angesprochen werden, hast du eine höherer Affinität zu dem Spot und die Klickrate wird eben ein bisschen höher.

NO: Musstet Ihr den Kunden da stark überzeugen, das zu machen, oder war der sofort Feuer und Flamme? Oder war dem am Ende gar nicht so bewusst, dass es programmatisch ist?

CA: Nein, wir haben ihn extra darauf hingewiesen, dass es programmatisch ist. Wir haben ja auch nicht gesagt, wir testen das jetzt mal mit einem Vermarkter. Sondern wir hatten ja drei/vier Vermarkter angeschlossen. Und konnten das dann natürlich über die einzelnen Vermarkter auch unterschiedlich ausspielen.
Ich glaube auch hier ist es so: wenn Du einen Kunden hast, der sehr Audio-affin ist – und das ist bei *Das Örtliche* eben der Fall, die machen nur Radio und Online -, dann kann man eben auch sagen, wir machen hier einen Test. Um generell dann auch noch zu sehen, wie man das im nächsten Jahr fortsetzen kann.

NO: Das heißt aber schon, für den Kunden war der Mehrwert jetzt: ich bin der erste, der es macht.

CA: Klar ist das ein Mehrwert für den Kunden. Aber wir können ja auch zeigen, dass es anders funktioniert hat. Und natürlich gibt es auch andere Möglichkeiten. Interessant wird es dann nachher bei der Frage wie kann ich kreativ mit dem Programmatischen umgehen.
Also für mich ist es auch einfach wichtig zu sagen, dass programmatischer Einkauf auch kreativ viel Vorarbeit ist. Also dass es nicht nur einfach heißt, ich gucke wo das Preiswerteste ist und mache dann die klassische Real-Time-Bidding-Geschichte, sondern es geht eher

darum, wie kann ich die Technik, die dahinter liegt, sinnvoll einsetzen. Also nicht die Kosten drücken und so weiter, sondern zu überlegen, wie kann ich es sinnvoll einsetzen. Bedeutet eigentlich dann auch, welche Daten kann ich sinnvoll miteinander verknüpfen um dann sinnvolle Werte zu erreichen.

NO: Und inwieweit zieht Ihr bei Euren Überlegungen beim *BVDW* Kunden – Werbungtreibende – mit ein?

CA: Gar nicht.

NO: Aus welchem Grund?

CA: Die Fokusgruppe setzt sich zusammen aus Agenturvertretern, Vermarktern und Technikanbietern. Normalerweise sitzen im *BVDW*-Kreis eigentlich eher die Vermarkter und Technikanbieter. Kunden findet man relativ selten.

NO: Aber würde es bei dem Thema nicht auch Sinn machen? Ich meine, die haben ja auch ihre Wünsche.

CA: Also es gibt eine Fokusgruppe Programmatic im *BVDW*. Diese Gruppe ist allerdings mittlerweile so groß geworden, dass dann teilweise Räume gesucht werden für 50 Personen. Dann kann man halt nicht mehr über eine Fokusgruppe sprechen. Der *BVDW* ist ja auch eine Interessenvertretung für seine Mitglieder. Und ich glaube auch da gibt es einfach wenig Kunden. Wenn Kunden mit rein kommen, sind das dann mal zusätzliche Vorträge, aber da muss man auch ganz klar sagen, das ist so ein Bereich, wo die einzelnen Agenturen ungern ihre aktuellen Ideen und Vorgangsweisen präsentieren würden, wenn der Kunde daneben sitzt. Ich glaube, das Wichtige ist einfach, dass der *BVDW* dafür da ist, einen vernünftigen Standard hinbekommt. Dass man sich abstimmen kann: Wie sind denn überhaupt die Begrifflichkeiten?
Wir haben regelmäßig die Diskussion: Reden wir über Digital Radio – sobald man die Ländergrenzen hinter sich lässt – oder über Online Audio, Webradio wird auch manchmal noch genannt. Es gibt den Webradiomonitor, die Webradiostudie und so weiter. Dann gibt es auch noch Digital Audio. Und allein das ist schon immer bei einer Fokusgruppensitzung Thema und nimmt Zeit in Anspruch. Und das ist dann einfach auch ganz stark unsere Aufgabe: einen Standard zu setzen.
Ich versuche hier bei uns eigentlich durchzusetzen, dass wir nicht mehr über Radioplanung sprechen sondern über Audioplanung um diesen ganzen Bereich abdecken zu können. Also damit wir alles abdecken, auch Podcast-Werbung et cetera.

Und das ist im Moment halt wirklich im Anfangsstadium, wenn ich hier mal eben wieder zu Programmatic zurückgehe.

NO: Orientiert Ihr Euch dann an anderen Ländern, an anderen Märkten?

CA: Das kannst Du ja auch nicht machen. Wenn ich mir jetzt anschaue, wie haben in der Fokusgruppe die ganzen internationalen Player. Das heißt, ein *Spotify* könnte ganz klar erklären, wie sie es international machen. Ein *adsWizz* weiß auch, wie sie international aufgestellt sind. Und klar kannst Du sagen, das wird sich irgendwann so geben. Wenn ich mir überlege, dass bei *Spotify* die Ansprechpartnerin für Programmatisch weltweit – und die dann auch für Deutschland zuständig ist – nicht in Deutschland sitzt, sondern in New York glaube ich. Das ist natürlich so etwas wo du sagen musst: Ok, das ist deren Geschäftsmodell. Aber wie man es dann nachher international aufsetzt...

Eher ist die Überlegung im Moment – für größere Agenturen – wie kann ich eine Gattung, die ich bisher schon nutze, an das Thema anschließen. Also anders wie bei Euch, wo Ihr sagt, wir bauen dann jetzt mal was für Programmatisch, ist es bei uns eher: wir haben etwas, womit wir schon alle Gattungen umsetzen außer Print und Radio und da dann eben die Kernfrage ist, wie kann ich Radio an die Systeme, die wir selber haben, anschließen. Und es wird mit Sicherheit dann irgendwann auch so sein, dass Du nicht mehr mit den DSPs von den einzelnen Vermarktern direkt arbeitest, sondern dass Du alle Gattungen gleichschaltest und mit einer einzigen Maske arbeitest.

NO: Das wäre ja so der Idealzustand.

CA: Das ist es. Ich würde sagen, dass das so in eineinhalb bis zwei Jahren umgesetzt ist. Also Radio weiß ich nicht, aber bei den anderen auf jeden Fall.

Die ersten Gespräche, die wir mit der Digitalabteilung zu dem Thema geführt haben, da haben die das mit Brieftauben verglichen. Also so nach dem Motto: Aktuell schicke ich ein Fax, nachher drücke ich aufs Knöpfchen, aber mehr ist es ja nicht. Bleibt ja alles beim Gleichen. Egal, wie man jetzt spricht.

Grundsätzlich ist es ja so: Erster Schritt ist die Automatisierung, dann kommt die Digitalisierung und dann kommt dann irgendwann der programmatische Einkauf. Aber wie viele machen das schon?

Nicht allzu viele.

Wenn man sich vor knapp einem Jahr über programmatisch unterhalten hat, dann hörtest Du auf der einen Seite die Eigenlösung von der *RMS* und Du hörtest irgendwie, dass *adsWizz* irgendwas macht.

Mittlerweile gibt es dann doch schon eine Anbindung an unterschiedliche Plattformen. Es werden mehr und mehr Technikanbieter, die sich auch damit beschäftigen. Und je mehr

Technikanbieter sich damit beschäftigen umso einfacher wird es sein, da dann auch mehr Informationen zu bekommen.

NO: Du hast ja gesagt, Ihr stoßt vor allem sehr schnell an technische Hürden, wenn Ihr das so durchspielt. Gibt es denn noch andere Hürden? Also Thema Datenschutz...

CA: Bei der Technik fängt man ja auch in dem Bereich an zu stolpern, dass Audio oder Online Audio aktuell ja in extrem vielen Arten ausgespielt wird. Also ich habe meine Desktop-Variante, ich kann über Mobile es ausspielen, generell über den normalen Internetbrowser, ich habe die Apps, WLAN-Geräte und so weiter.
Und die Kernfrage ist ja hier auch wieder, wie kann ich damit die richtigen Leute erreichen. Also aktuell würde ich eigentlich immer schauen, wie schaffe ich es, auf die Apps zu kommen. Das ist ja eigentlich das Interessanteste. Und da ist dann eigentlich genau eher der Punkt, dass man sehr sehr lange suchen muss, um zu wissen, wie kann ich die Personen wiederfinden, schaffe ich irgendwie ein Retargeting oder schaffe ich es überhaupt, Personen mehrfach hintereinander zu erreichen. Das sind Sachen, die man einfach erst einmal austesten muss.
Kernschwierigkeit ist halt wirklich, dass Du kaum Kontrollmechanismen hast. Solange Du kein Display mitlieferst, spielst Du irgendwie Deinen Kontakt aus, aber Du kannst nicht genau erkennen, gibt es da überhaupt eine Reaktion zu oder nicht. Und das ist das, wo man dann auch die Unterschiede erkennen muss. Also klassisch programmatisch oder programmatisch für andere Gattungen oder wie programmatisch gesehen wird. Wenn ich jetzt mal programmatisch mir anschaue im Plakat ist es ja eher ein Verfeinern der Planung, der digitalen Out-of-Home-Stellen, ist. Also mit zusätzlichen Daten.
Das kann ich natürlich auch bei Funk relativ schnell machen, dass ich zum Beispiel an den Adserver zusätzliche Wetterdaten anschließe. Ist für mich ebenfalls nicht programmatisch, sondern es ist eine Automatisierung. Fällt aber in die Definition von programmatisch hinein. Bei den rechtlichen Gründen haben wir den Vorteil, dass wir einen guten Legal haben, der eigentlich das alles komplett mit durch prüft. Natürlich werden alle Daten, die wir nutzen, direkt vom Legal mit überprüft. Im Zweifelsfall wird dann gesagt: „Tut uns leid, aber mit diesen Daten können wir nicht weiter arbeiten". Vorstellbar wäre ja auch: Wenn ich eine App von meinem Kunden installiert habe, dass ich dann direkt die App-ID erkennen kann und genau die kriegen dann gezielt den Spot ausgespielt um sie nochmal daran zu erinnern, dass sie diese App haben und sie sie mal wieder nutzen können. Aber ich glaube bei diesem kompletten rechtlichen Hintergrund sind die Fachleute vorhanden und die klären das auch immer ganz genau ab. Auf der einen Seite eben die Anwälte, die wir haben, und auf der anderen Seite die Dateningenieure. Die dann eben schauen, können sie überhaupt etwas mit den Daten machen. Welche Daten haben wir zur Verfügung, welche Daten können wir sammeln, welche Daten kann man miteinander verknüpfen.

NO: Macht ja bestimmt auch nicht immer Sinn, alles miteinander wahllos zu verknüpfen.

CA: Ne, irgendwie nicht. Und wenn dieses Verknüpfen nachher dazu führt, dass Du zwar eine extrem tolle Zielgruppe hast, aber nachher beim Durchlaufen für jeden Filter, den Du setzt, weniger Personen rauskommen. Und zum Schluss ist es dann vielleicht sinnvoller, die Personen direkt anzusprechen. Gut, das ist jetzt leicht übertrieben, aber grundsätzlich ist es halt so. Du kannst halt sehr kleinteilig werden, aber Du solltest natürlich darauf aufpassen, dass das, was Du als Potential ausrechnest, am Ende auch noch sinnvoll ist.

NO: Es gibt ja auch die These, dass weiterhin immer noch klassisch gebucht werden wird. Egal, ob das irgendwann mal digital abläuft oder nicht, aber viele sagen, dass sie einen Teil auch in Zukunft weiter klassisch einbuchen werden und gar nicht programmatisch.

CA: Ich hoffe darauf, dass das so bleibt. Wenn Du irgendwann hingehen würdest und sagen würdest, Du buchst jetzt alles programmatisch, dann hast du da nachher nur noch Daten-Personen sitzen und machst keine klassische Planung mehr. Natürlich muss man sich damit beschäftigen, wie eine Mediaplanung in zwei Jahren aussieht, aber wenn ich mir dann das Tool von *audimark* anschaue, die ja sehr stark reingehen und sagen, sie haben eine optimierte Aussteuerung und nur anhand von zusätzlichen Daten kriege ich die optimale Zielgruppe raus. Damit werde ich aber nicht die Planung rauskriegen, die ich normalerweise habe. Sondern ich plane halt mit einer schwarzen Box.

NO: Aber die Art der Mediaplanung wird sich ja schon in irgendeiner Art und Weise ändern.

CA: Die Art der Mediaplanung verändert sich schon jetzt. Inwieweit sich die Mediaplanung im Radio verändern wird muss man schauen. Das hängt dann aber auch damit zusammen, ab wann UKW automatisiert einbuchbar sein wird.
Wenn es jetzt darum geht, irgendetwas zu automatisieren...da arbeiten ja viele dran. Am weitesten könnte da *Studio Gong* sein, weil die am weitesten automatisiert sind und am längsten diesen Automatisierungsfaktor haben. Hat allerdings bei denen einen anderen Hintergrund. Da ist es ja eigentlich eher dieses schnelle Austauschen von Spots und das schnelle Reagieren. Und ich glaube auch da wird es irgendwann so sein, dass Du nicht mehr Zeitschienen buchst, sondern Umfelder oder Situationen.
Also das heißt, dass Du schaust: In welchem Kontext möchte ich meine Zielgruppe erreichen und genau auf den Bewegungsrhythmus planen kannst. Dass Du zum Beispiel sagen kannst: Ich buche jetzt Autofahrer. Wenn dann irgendwann der Punkt da ist, dass ich auf Geräte aussteuern kann, dann kann ich auch hingehen und sagen, an die Autoradios wird bitte dieser Spot ausgeliefert. Auch da ist ja dann irgendwann die Frage: Wenn ich eine klassische Kampagne habe, weiß der Kunde ja relativ schnell und sicher, welche Reichweiten er bekommt.

131

Wenn ich jetzt allerdings hingehe und sage, wir müssen jetzt automatisiert einbuchen und je nachdem welche Umfelder, beziehungsweise welche Nutzungssituation gerade vorherrscht, dann kann ich dem Vermarkter Geld auf den Hof stellen und sagen, ich hätte gerne für diese Zielgruppe bitte einen Spot ausgeliefert bekommen, wenn sie gerade mit dem Auto unterwegs sind.

Ganz plump gesprochen: ich könnte technisch gesehen mit *Spotify* Autofahrer ansteuern, die gerade im Stau stehen. Genauso wie sie das Lauftempo von einzelnen Läufern erkennen können, können sie ja auch erkennen, wie schnell ein Auto fährt. Und könnten die Musik anhand des Fahrtempos schneller oder langsamer drehen. Und dann kann man eben sagen: Wenn die nur mit Tempo fünf unterwegs sind, kriegen die einen anderen Spot ausgeliefert. Das ist dann so die Zukunftsmusik.

Das habe ich mittlerweile gelernt in der Zeit beim *BVDW*: Radio-Planer gehen nicht so viel Risiko ein oder probieren nicht so viel aus wie der klassische Onliner. Das heißt, die Onliner an sich sagen: Dann versuchen wir es einfach mal. Der Radio-Planer denkt darüber nach: Dann kann man das so machen, oder so oder vielleicht doch anders. Und zum Schluss kommt dann doch raus: Ne, das ist alles zu gruselig, die Hörer wollen das vielleicht gar nicht.

Online-Planer gehen hin und sagen: Wir testen das jetzt einfach mal. Ob das funktioniert oder nicht. Das ist so ein genereller Aufruf: probiert es einfach mal aus und schaut, was dabei rauskommt. Wenn es schlecht gelaufen ist, ist es halt schlecht gelaufen, aber ich habe einen Test gemacht. Aber bei Radio ist es ja so: es wird geplant und nicht weiter optimiert während der Kampagne. Online wird über die komplette Kampagnenlänge ja immer weiter optimiert. Und dann habe ich halt einen neuen Vermarkter oder irgendwas Neues, was dann mal mitläuft und wenn es nicht funktioniert, wird das Geld halt rausgenommen und woanders rein gesteckt. Weil die ja ganz genau wissen: ich habe einen Kampagnenzeitraum von zwei Wochen und da habe ich dieses Kampagnenziel und wenn ich innerhalb von zwei Tagen bei einem Vermarkter nicht das erreiche, was ich erreichen möchte, dann wird das Geld rausgenommen und da rein geschoben, wo ich es wieder ausgleichen kann.

Das ist eine ganz andere Denkweise. Ist interessant, aber muss ich mir wirklich viel Gedanken drüber machen, was das dann wirklich für die Radioplanung bedeutet.

NO: Das ist wahrscheinlich auch ein Grund, warum Deutschland noch nicht so weit entwickelt ist wie andere europäische Länder.

CA: Wir sind halt typisch Deutsch. Dieser Punkt von wegen „wir machen das jetzt einfach mal", ist in den Agenturen vielleicht vorhanden, aber Du musst natürlich auch immer noch denjenigen finden, der das bezahlt. Und es ist ja schon schwer genug, genug Kunden zu finden, die Online Audio belegen. Und dann zu sagen: jetzt mach das Ganze auch noch programmatisch. Für mich ist dieser eine Case mit *Das Örtliche* der Türöffner für andere Kunden. Ich mache andere Kampagnen auch sehr gerne mit einer Marktforschung mit dabei. Damit man sieht, dass die Kampagne wirklich gewirkt hat. Beziehungsweise so, dass man dann zum Schluss die Kontaktzahlen oder Klick-Raten oder App-Downloads runterbrechen kann. Und ich kann dann am Ende sagen wie teuer die Installation einer einzelnen App war. Grundsätzlich ist halt wirklich so die Kernschwierigkeit, dass man einen vernünftigen Weg findet, programmatisch in den klassischen Radio-Planungsbereich einzubauen. Beziehungsweise in größeren Agenturen auch eine Empfehlung haben muss, wo Online Audio aufgehangen ist. Ist das jetzt ein digitales Thema, ist es ein Audio-Thema, ist es ein Thema, das in der Programmatic-Unit liegt. Im Moment hätten wir also drei unterschiedliche Abteilungen, wo es reinfallen könnte. Ist dann halt Abstimmungsarbeit.

NO: Ich wollte gerade sagen: Sinnvoll wäre es ja, sich untereinander abzustimmen und zusammen zu arbeiten. Anstatt immer so ein Abteilungsdenken zu haben.

CA: Ja, aber erst einmal musst Du ja wissen: Wo liegt das Know-how. Also aktuell liegt das Know-how eher im Audio-Bereich. Wenn es um Audio geht. Bei meiner ersten Online-Audio-Kampagne – schon etwas länger her – hat der Ad-Manager beim Vermarkter angerufen und nach einem Screenshot gefragt.
Ich glaube, irgendwann wird es dahin gehen, dass Du die Techniker hast, die das planerische Know-how haben. Wir werden Radio anders planen, als die AOD-Leute – also die Abteilung für programmatischen Einkauf, Audience On Demand. Die werden keine Radio-Planer werden. Denen ist es glaube ich auch einfach egal, welche Gattung sie einbuchen. Sondern die sehen ein Werbemittel und ein paar Filter, auf die sie aussteuern können, und dann legen die los. Dann ist es denen glaube ich egal. Da wird dann einfach nur geguckt, wo sie das am besten einkaufen können.
Was Du allerdings schon mitbekommst ist der riesige internationale Einfluss – oder die Bekanntheit – von *Spotify*. Wenn irgendwie über programmatisch oder Online Audio gesprochen wird, ist *Spotify* ein Synonym dafür. Wenn dann von Kreativagenturen mal ein Wunsch kommt, steht da nicht Webradio, sondern da steht *Spotify*.
Was aus meiner Sicht aber falsch ist. Es ist zwar in der Agenturszene so, dass *Spotify* gesetzt ist, aber wenn Du raus gehst, hören sie alle eher über Mobile den UKW-Stream von ihrem regionalen Sender.
Der Vorteil von Radio ist ja an sich diese Regionalität. Und diese Regionalität wird auch weiterhin beim Webradio bestehen.

NO: *Spotify* passt ja auch nicht für jede Zielgruppe.

CA: Genau. Und Du wirst auch weiterhin nicht alle erreichen. Das Wichtige für die Entwicklung im programmatischen Einkauf wird bei Webradio einfach ganz klar sein: Wie wird sich die Technik weiter entwickeln.

Das Fraunhofer-Institut hat jetzt ein Format entwickelt, womit die Qualität der Streams nicht stark leidet, aber nicht mehr mit 64 oder 128 kBit gestreamt wird, sondern mit 16. Also die können mit viel viel weniger machen. Das haben die eigentlich entwickelt für afrikanische Länder. Und in Südafrika werben sogar Radiosender oder auch Telefongesellschaften damit, dass mit dem Runterladen der App dein Datenvolumen drei oder sogar vier Monate hält, was Du sonst innerhalb von drei Tagen verbrauchst.

Und solange das bei uns nicht richtig funktioniert, dass Du die gleiche Qualität bei geringem Datenverbrauch hast, wirst Du auch nicht unbedingt abreißen können, wie man den Rest ausspielen kann.

Die Datenvolumen-Verträge werden immer größer, deswegen gibt es auch bei Webradio und Mobile so einen Schub. Wobei Deutschland das Land ist, das die Verträge mit dem geringstem Datenvolumen hat im Vergleich zu anderen europäischen Ländern. Wir haben halt zu viele Regulierungsbehörden.

NO: Das wird ja auch ein Grund sein, warum sich programmatisch im Moment nicht so schnell durchsetzt, wie sich das manche wünschen.

CA: Programmatisch setzt sich nicht so schnell durch, weil es so viele technische Hürden gibt. Und die größte ist, dass ich keinen Rückkanal habe. Dass der klassische Online-Planer nicht weiß, was er mit dem Format machen soll. Wenn Du mal versuchst Studien zu Radio-Planung oder Radio-Formate im Netz zu finden, hast Du die Unterscheidung in Deutschland zwischen Display, Bewegtbild und Mobile. Ich finde eins von diesen drei Begriffen passt da nicht rein in diese Auflistung. Und es gibt keine Studie im Vergleich mit den anderen Werbeformen. Die Werbeform Audio existiert eigentlich gar nicht.

Das größte Problem ist glaube ich einfach jemandem zu erklären, dass er Online Audio ausspielen kann als Werbeform.

Das wäre eigentlich so mein Ziel. Wenn ein Kunde kommt und sagt: ich buche jetzt programmatisch. Dass man da sagt: dann kannst Du auch Audio buchen. Damit man quasi so ein Komplettpaket hat.

NO: Ein schönes Schlusswort. Vielen Dank für das Gespräch!